Klick! 10

Sprechen
Lesen
Schreiben

Erarbeitet von
Margret Angel, Nicole Glahe-Assauer,
Jana Görbing, Barbara Maria Krüss,
Isabelle Naumann

Unter Beratung von
Marion Böhme, Ulrich Deters,
Andrea Fuchs, Waltraud Günther,
Dirk Hergesell, Martina Kolbe-Schwettmann,
Heide Luckfiel, Waltraud Seidel

Cornelsen

Inhaltsverzeichnis

Diese Zeichen stehen neben den Aufgaben. Sie bedeuten:

- Klassengespräch
- Partnerarbeit
- Gruppenarbeit
- Lesen
- Sprechen
- Hören
- Schreiben: in dein Heft oder auf ein Blatt
- Mit dem PC arbeiten
- Handeln

Die Strategien:

- Textknacker: hilft dir beim Lesen
- Schreibprofi: hilft dir beim Schreiben von Texten
- Wortprofis und Satzprofi: helfen dir beim Abschreiben von Wörtern und Sätzen

Das solltest du auch noch wissen:

So kannst du **markieren**: das Rad, die Schule, das Buch

Einen Ausflug planen

Kai hat mit seinen Freunden einen Wochenend-Ausflug nach Dresden unternommen. Von diesem zeigt er Tom Fotos.

1

die Semperoper

2

die Abfahrt

3

im Schwimmbad

4

in der Jugendherberge

1 Welche Punkte müssen für eine Reise geplant werden? Die Fotos von Kai helfen euch.

→ Wie anreisen?
Was besichtigen?
...

2 a) Welche Städtereise habt ihr schon unternommen?
b) In welche Stadt würdet ihr gern reisen? Begründet.

Mit Hilfe dieses Kapitels könnt ihr einen Ausflug planen.

Toms Klasse beschließt, gemeinsam am Wochenende vom 08.07.–10.07. nach Heidelberg zu fahren. Jeder möchte maximal 100 € ausgeben. Die Lehrerin hilft beim Planen.

Die Klasse sucht erste Informationen auf der Homepage der Stadt Heidelberg.

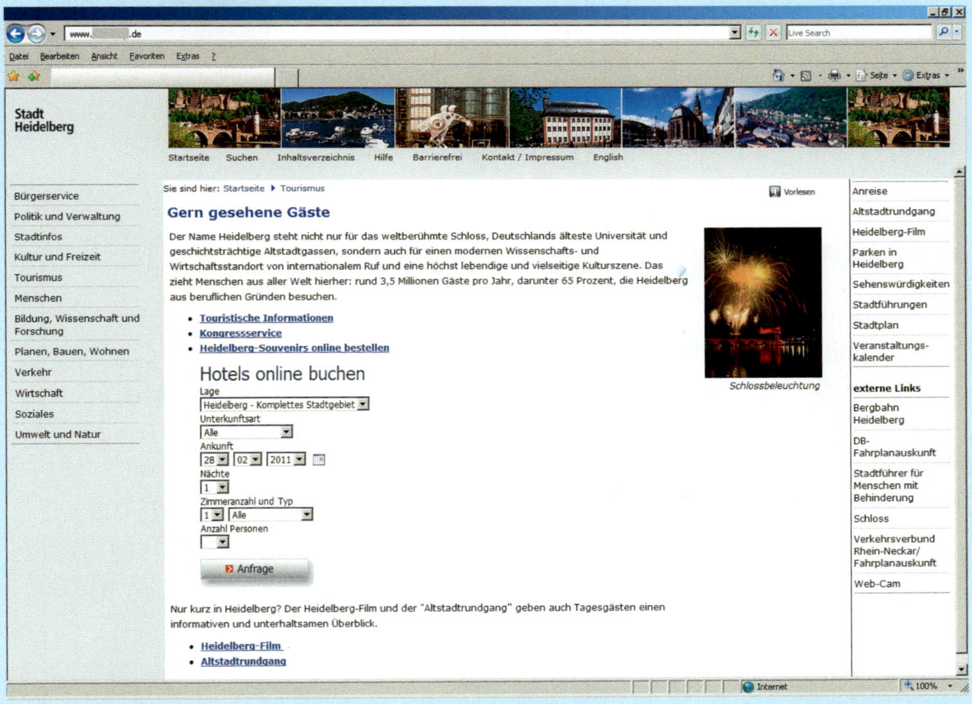

3 Zu welchen Planungspunkten erhalten die Jugendlichen auf der Homepage Informationen?

4 Woher können die Jugendlichen außerdem Informationen erhalten? Erstellt eine Liste.

→ aus einem Reiseführer, von der Touristen-Information …

Da die Planung sehr umfangreich ist, arbeiten die 14 Jugendlichen in 3 Gruppen: Fahrt, Unterkunft, Freizeitangebote.

Die Hin- und Rückfahrt: Informationstexte lesen

Bevor die Gruppe Fahrt verschiedene Angebote recherchiert, notiert sie im ersten Schritt wichtige Auswahlkriterien.

Unsere Auswahlkriterien:

Wie lange dauert die Fahrt?
Wo ist der Abfahrtspunkt? Wo ist der Zielhaltepunkt?
Wie oft muss man umsteigen?
Welche Ermäßigungen werden angeboten?
An welche Bedingungen sind die Ermäßigungen gebunden?
Wie teuer ist die Hin- und Rückfahrt pro Person?

Als zweiten Schritt sucht die Gruppe zwei Angebote.

(1)

Das Angebot Gruppe & Spar der Bahn

Für ein verlängertes Wochenende mit Freunden an die See oder eine Städtetour mit dem Verein – mit Gruppe & Spar können Sie die Fahrtkosten um bis zu 70 % gegenüber dem Normalpreis senken. So beträgt Ihr Fahrpreis beim Gruppe & Spar-70-Angebot in der 2. Klasse höchstens 40,70 Euro pro Person inkl. Sitzplatzreservierung – egal, wie weit Sie innerhalb Deutschlands reisen. Sie müssen sich beim Kauf Ihrer Fahrkarten nur auf eine Zugverbindung an einem bestimmten Tag festlegen, damit Sie die Vorteile des Angebots voll nutzen können. Beachten Sie bitte, dass die Anzahl der Gruppe & Spar-Kontingente* im Fernverkehr begrenzt ist.

Frankfurt – Heidelberg, einfache Fahrt	Mo. – Mi.	159,60 Euro für 14 Personen	Frankfurt Hbf. Fr. 08. 07. ab 10:18 Heidelberg Hbf. an 11:08
Frankfurt – Heidelberg, einfache Fahrt	Fr. – So.	133,00 Euro für 14 Personen	

*die Verkäufe

1 Welche ersten Informationen erhaltet ihr über das Angebot **Gruppe & Spar**?
- Wie viel Prozent gegenüber dem Normalpreis kann man sparen?
- Wie hoch ist der Fahrpreis für eine einfache Fahrt maximal?
- Was muss man bei dem Kauf beachten?

Die Hin- und Rückfahrt: Informationstexte lesen

②

Angebot von Bustour22

Hinfahrt:		
Fr. 08. 07. 2011	09:20 Abfahrt Frankfurt Hbf. 10:35 Ankunft Heidelberg Hbf.	1 x 12,00 Euro/ Erwachsener
Rückfahrt:		
So. 10. 07. 2011	19:30 Abfahrt Heidelberg Hbf. 20:40 Ankunft Frankfurt Hbf.	1 x 12,00 Euro/ Erwachsener

Achtung: Bei diesem Angebot sparen Sie bis zu 4 Euro pro Fahrt, wenn Sie weit im Voraus buchen und in der Woche, also von montags bis donnerstags, fahren.

2 Welche ersten Informationen erhaltet ihr über das Angebot von **Bustour22**?
- Welches spezielle Sparangebot wird genannt?
- Was muss man beim Kauf des Sparangebots beachten?
- Wie hoch ist der Fahrpreis für die 14 Jugendlichen?

Als dritten Schritt vergleicht die Gruppe die Angebote.

3 Werte die zwei Angebote ① und ② mit Hilfe der Auswahlkriterien von Seite 10 aus. Beantworte dazu jede Frage.

Da jeder Jugendliche 100 € für das Wochenende hat, entscheidet sich die Klasse für das preiswerteste Angebot.

4 a) Wähle das preiswerteste Angebot aus. Rechne dazu den Fahrpreis für die Hin- und Rückfahrt pro Person aus.
b) Schreibe dein Ergebnis auf.

5 a) Schreibe zu dem Planungspunkt **Die Fahrt** eine Checkliste.
b) Ordne die Checkliste in deinen **Lebensordner** ein.

Einen Ausflug planen:
Die Fahrt
- Auswahlkriterien finden ✓
- Angebote einholen ✓
- Angebote prüfen ✓
- ein Angebot auswählen und buchen ✓

Die Unterkunft: Tabellen und einen Internettext lesen

Auch die Gruppe Unterkunft notiert zuerst wichtige Auswahlkriterien.

Unsere Auswahlkriterien:

Welche Ausstattung haben die Zimmer?
Gibt es Mehrbettzimmer, die preiswerter sind?
Welche Verpflegung wird angeboten?
Wo in der Stadt befindet sich die Unterkunft?
Wie viel kostet eine Übernachtung pro Person?

Anschließend sucht die Gruppe zwei Angebote.

①

Jugendherberge Heidelberg International, Tiergartenstraße
Raumangebot: 3 Einzelzimmer, 22 2-Bettzimmer, 90 4-Bettzimmer, 13 6-Bettzimmer. Alle Zimmer mit Du/WC.

Ganzjährig:	Junioren (bis zu 26 Jahren)	27 plus (ab 27 Jahren)
Ü/F 1. Nacht	24,10 Euro	28,10 Euro
Ü/F jede weitere Nacht	20,80 Euro	24,80 Euro
HP 1. Nacht	29,00 Euro	33,00 Euro
HP jede weitere Nacht	25,90 Euro	29,90 Euro

Preise 2011: pro Person und Übernachtung inkl. Bettwäsche

→ Textknacker S. 100
2 die Überschrift

→ Ü/F: Übernachtung/Frühstück
HP: Halbpension
p. P.: pro Person
Du: Dusche

②

Gabis Hostel, Schröderstraße

6-Bettzimmer	22 Euro p. P.
4-Bettzimmer	24 Euro p. P.

Du/WC sind auf der Etage. Alle Preise gelten pro Person und Nacht inkl. Bettwäsche und kleinem Frühstück.

1 Was bieten die Unterkünfte an? Entschlüsselt die Angebote.

Die Unterkunft: Tabellen und einen Internettext lesen

Zum Schluss vergleicht die Gruppe die Angebote.

2 a) Wertet die zwei Angebote (1) und (2) mit Hilfe der Auswahlkriterien von Seite 12 aus.
b) Für welche Unterkunft würdet ihr euch entscheiden? Begründet.

Die Klasse entscheidet sich für ein Angebot mit Halbpension.

3 a) Welches Angebot bietet Halbpension?
b) Wie viel muss jeder Jugendliche für zwei Nächte zahlen?
c) Addiere dein Ergebnis mit den Fahrtkosten.

Vor der Buchung informiert sich die Gruppe über Zahlung und Stornierung.

2. Zahlung
Die Zahlung für den Aufenthalt bei uns ist spätestens bei der Abreise fällig. Eine Anzahlung kann verlangt werden. Näheres regelt der abgeschlossene Belegungsvertrag.
3. Stornierung
3.1 Gäste ohne schriftlichen Belegungsvertrag können ihre Buchung telefonisch absagen. Die Stornierung muss uns bis zum Vortage der geplanten Anreise, 18 Uhr, zugegangen sein.
3.2 Gäste mit einem schriftlichen Belegungsvertrag müssen schriftlich absagen. Die Absage muss uns mindestens acht Wochen vor dem geplanten Anreisetag zugegangen sein, sofern im Belegungsvertrag nichts anderes vereinbart wurde. Auch eine Berichtigung der Teilnehmerzahl muss mindestens acht Wochen vor dem geplanten Anreisetag schriftlich erfolgen.

→ Textknacker S. 100
2 die Überschrift
3 die Abschnitte

4 a) Wann müssen die Jugendlichen für die Unterkunft zahlen?
b) Was müssen sie bei einer Stornierung beachten?

5 Ergänze den Planungspunkt **Die Unterkunft** in deiner Checkliste. Beachte das Vorgehen der Gruppe.

Die Unterkunft
- …

Freizeitangebote: einen Reiseführer lesen

Die Gruppe Freizeitangebote will verschiedene Interessen berücksichtigen. Deshalb notiert auch diese Gruppe Auswahlkriterien.

Unsere Auswahlkriterien:

Welche Sehenswürdigkeiten gibt es?
Wo kann man gut einkaufen?
Was kann man am Abend unternehmen?
Welche Angebote sind preiswert und interessant?

Folgende Angebote findet die Gruppe in einem Reiseführer.

Stadtrallye Heidelberg für Schüler

Die Stadtrallye gibt Schülern die Möglichkeit, Heidelberg auf eigene Faust zu entdecken. Mit offenen Augen und Ohren, Fantasie und Teamgeist erschließen sich den Schülern auf unterhaltsame Art die Stadt und ihre Geschichte. In kleinen Teams lösen sie zwischen Universitätsplatz und Alter Brücke verschiedene Aufgaben und knifflige Rätsel. Jedes Team bekommt eine Mappe mit Aufgaben und einen Stadtplan. Die Rallye endet in der Friedrich-Ebert-Gedenkstätte. Dort wird sie ausgewertet und das Siegerteam geehrt. Es gibt drei verschiedene Schwierigkeitsgrade.

1

Schöne Einkaufsstraßen in Heidelberg

Der Einkaufsbereich im Zentrum erstreckt sich parallel zum Neckar in den Straßen und Gassen zwischen Bismarckplatz und Marktplatz. Neben der Hauptstraße finden Sie zahlreiche Betriebe mit vielfältigem Angebot: kleine Boutiquen, Geschenke und alles für den täglichen Gebrauch. Da die Kernaltstadt zur Fußgängerzone umgebaut wurde, steht einem gemütlichen Bummel nichts im Wege! Im Sommer sorgen die Cafés und Restaurants mit ihrer Außenbestuhlung für südländisches Flair, in der Weihnachtszeit schafft die Weihnachtsbeleuchtung eine gemütliche Atmosphäre.

2

Freizeitangebote:
einen Reiseführer lesen

Das Schloss

Das Schloss thront direkt über der Altstadt. Das weltberühmte Wahrzeichen zählt zu den wichtigsten Bauwerken der Renaissance.
Der Schlosshof ist von 8–18 h zu besichtigen, der Museumseintritt kostet für Schüler 3 Euro pro Person.
Man kann auch mit der Bergbahn zum Schloss hochfahren.
Die Fahrt kostet mit Eintritt 5 Euro.

3

Musik-Club

Seit Jahrzehnten legendärer Treff, in dem auch schon Nirvana und Soundgarden aufgetreten sind.
Live-Konzerte, Dancefloors auf mehreren Stockwerken, Open-Air-Disco mit ausgeklügeltem Lichtsystem und vibrierender Tanzfläche, die ein einzigartiges Bassfeeling garantieren.
Eintritt 2 Euro
ab 16 Jahren/ab 21 Uhr

4

Zum Schluss vergleicht die Gruppe die Angebote.

1 a) Wertet die Angebote aus.
b) Für welche Angebote würdet ihr euch entscheiden?
– Beachtet, wie viel Geld übrig ist.
– Berücksichtigt auch, dass jeder Jugendliche ca. 20 Euro für Verpflegung und Tickets für die öffentlichen Verkehrsmittel benötigt.

→ Was …?
Wie viel kostet …?
Welche Öffnungszeiten …?
Wo …?

2 Ergänze den Planungspunkt **Die Freizeit** in deiner Checkliste. Beachte das Vorgehen der Gruppe.

Die Freizeitangebote
• …

Verkehrsmittel: einen Liniennetzplan lesen

Die Jugendlichen haben alle Planungspunkte erledigt. Nun informieren sie sich über die öffentlichen Verkehrsmittel in Heidelberg. Sie lesen einen Liniennetzplan.

1 Verschaffe dir einen ersten Überblick.

a) Lies die Überschrift.
b) Lies die Legende.

2 a) Was zeigt der Plan?
b) Welche Verkehrsmittel gibt es?

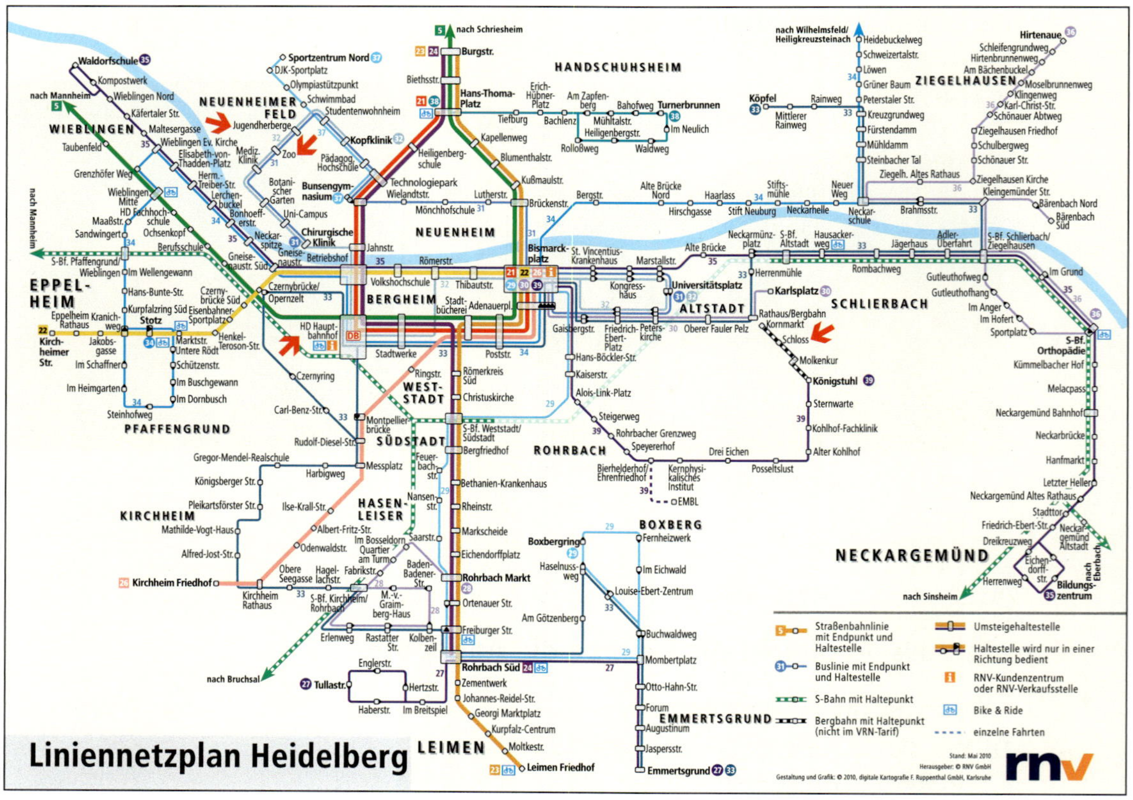

3 Die Jugendlichen möchten vom Hauptbahnhof zur Jugendherberge. Wie kommen sie ohne Umsteigen dorthin? Nennt das Verkehrsmittel.

4 Die Jugendlichen möchten an einem Tag zum Schloss und danach in den Zoo. Wie kommen sie dorthin? Nennt die Verkehrsmittel.

Verkehrsmittel: eine Tarifübersicht lesen

Nachdem die Jugendlichen den Liniennetzplan gelesen haben, möchten sie sich über die Preise der Fahrscheine informieren.

Tarifübersicht

Fahrscheine	Preise in Euro
Einzelfahrschein: Erw./Kind*	2,20/1,70
Mehrfahrtenkarte**: Erw./Kind	1,90/1,30
Ticket 24h 1 Person	5,20
Ticket 24h PLUS Gruppe bis 5 Personen	9,10
3-Tageskarte	13,00

*Für Kinder und Jugendliche bis 14 Jahre gelten ermäßigte Preise – ab dem 15. Geburtstag ist der Erwachsenentarif zu bezahlen.
**Mehrfahrtenkarten werden nur im 5er-Pack verkauft.

→ Textknacker S. 100
2 die Überschrift
5 die Worterklärungen

1 a) Wie viel kostet ein Einzelfahrschein
- für einen Erwachsenen?
- für einen Jugendlichen bis 14 Jahre?

b) Welches Ticket ist für die 14 Jugendlichen für das Wochenende am preiswertesten? Begründet.

Ihr könnt auch selbst einen Ausflug planen.

2 In welche Stadt würdet ihr gern reisen?

a) Einigt euch auf eine Stadt.
b) Bildet Gruppen.
c) Sammelt Auswahlkriterien für euren Planungspunkt.
d) Plant den Ausflug für eure Klasse.
Benutzt dazu eure Checkliste **Einen Ausflug planen**.

→ die Fahrt
die Unterkunft
die Freizeitangebote

3 Besprecht nach der Planung:
- Was war gut?
- Wo gab es Probleme?
- Was wollt ihr besser machen?

Eigene Ideen entwickeln

Die Schüler der Klasse 10 möchten sich zum Schulabschluss gegenseitig etwas schenken. Sie haben die Geschenke selbst hergestellt.

Zu Beginn haben wir uns auf etwa 5 Euro Materialkosten pro Person geeinigt. Deshalb hat jeder von uns darauf geachtet, dass wir das Material schon in der Schule vorfinden oder preiswert bekommen.

Ich bin handwerklich nicht so begabt. Aber mit dem PC kenne ich mich aus! Ich habe deshalb bei der Erstellung einer PowerPoint-Präsentation und eines Kochbuchs geholfen.

1

ein Herz aus Stoffresten

2

eine Handpuppe aus einem Strumpf

3

ein Glas Kirschmarmelade

4
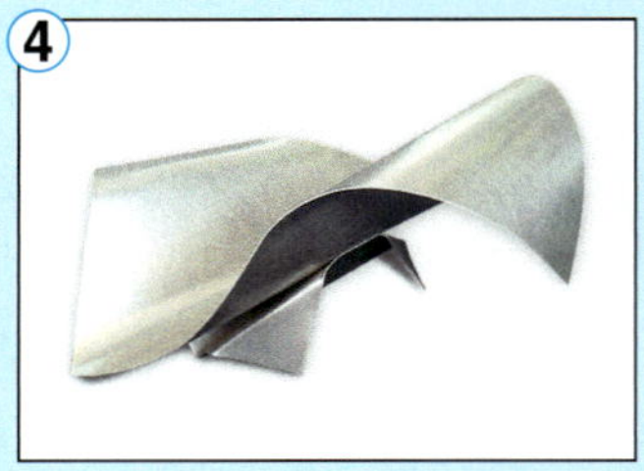
eine Schale aus Alublech

ein Dosenfisch

eine Holzkiste mit Tafel

zwei Elche aus Holz

eine Stiefelvase

eine Federlampe

ein Mühlespiel

1 Welche Geschenke haben die Jugendlichen hergestellt? Beschreibt sie.

→ die Farbe
die Form
das Material
ein besonderes Merkmal

2 Welche Geschenke hast du schon einmal hergestellt?
- Wie bist du auf die Idee gekommen?
- Welche Materialien hast du verwendet?
- Wie bist du vorgegangen?

Die folgenden Seiten zeigen euch, wie einige Jugendliche ihre Geschenke hergestellt haben.

Eine Idee entwickeln, eine Anleitung lesen

Sonja überlegt, welches Geschenk sie herstellen möchte.

Ich habe letztes Jahr ein Praktikum in einer Silberschmiede gemacht. Dort habe ich Metalle und deren Eigenschaften kennen gelernt. Ich durfte verschiedene Arbeiten erledigen. Das hat mir viel Spaß gemacht. Deshalb möchte ich gern etwas aus Metall herstellen.

Eine Anleitung finde ich bestimmt im Internet oder in Bastelbüchern. Ich könnte in die Bibliothek gehen.

Vielleicht bekomme ich in der Silberschmiede Metallreste, die ich als Material verwenden könnte. Das wäre günstiger, als das Metall im Baumarkt zu kaufen.

1 Wie ist Sonja auf ihre Geschenk-Idee gekommen?

Sonja hat in einem Bastelbuch eine Anleitung gefunden.

Eine Schale aus Alublech

Man benötigt:
- Alublech für die Schale (30 x 30 cm)
- Alublech für den Fuß (15 x 15 cm)
- Alleskleber

1. **Das große Alublech** in der Diagonalen auf eine Tischkante legen.
2. **Die überstehende Hälfte** vorsichtig **nach unten drücken**, sodass eine Rundung entsteht.
3. Die gewölbte Platte **umdrehen** und eine der beiden Spitzen auf die Tischkante legen.
4. **Die Spitze** vorsichtig **nach unten drücken**, sodass eine Rundung in entgegengesetzter Richtung entsteht.
5. **Schritt 4** für die andere Spitze **wiederholen**.
6. **Das kleine Alublech** längs und mittig auf die Tischkante legen.
7. **Die überstehende Hälfte nach unten drücken**, sodass eine Kante entsteht.
8. Nun **alle vier Ecken** mit Hilfe der Tischkante **in die entgegengesetzte Richtung biegen**.
9. **Den Fuß** mit Alleskleber an der Unterseite der Schale **befestigen**.

Einen Arbeitsplan schreiben

Sonja liest die Anleitung genau durch, damit sie alle Arbeitsschritte versteht.

2 a) Lest die Anleitung **Eine Schale aus Alublech**.
b) Erklärt mit eigenen Worten.
- Wie wird die Schale hergestellt?
- Wie wird der Fuß hergestellt?

3 Sonja hat nicht genug Material für den Fuß der Schale. Sie muss sich eine Lösung überlegen.
- Wie könnte sie den Fuß anders gestalten?
- Welche Materialien könnte sie verwenden?

Sammelt Ideen.

4 a) Entscheide dich für eine Idee.
b) Beschreibe den Arbeitsschritt für Sonja.

Damit Sonja bei der Herstellung der Schale nichts vergisst, möchte sie einen Arbeitsplan schreiben.

5 Welche Schritte muss Sonja von der Idee bis zum fertigen Geschenk erledigen? Schreibe einen Arbeitsplan für Sonja.

Arbeitsplan für die Schale			Name: Sonja Zenner		
Schritt	Tätigkeit	Material, Werkzeug	Zeit	Hinweis	Erledigt?
1	eine Anleitung suchen		1 Tag	→ in die Bibliothek gehen	[redacted]
2	Material besorgen	Metallreste	1 Tag	→ in der Silberschmiede fragen	[redacted]

Eine Anleitung schreiben

Sarah und Boris überlegen, welches Geschenk sie herstellen möchten.

Ich bin recht geschickt in Textil.
Oft habe ich gute Ideen,
etwas selbst zu gestalten.
Wir könnten eine
Umhängetasche herstellen.

Mir macht es Spaß,
mit verschiedenen Materialien
zu experimentieren.
Ich kann genau zeichnen
und schneiden. Außerdem
bin ich sehr geduldig.

1 Wie sind Sarah und Boris auf ihre Geschenk-Idee gekommen?
- Was kann Sarah gut?
- Was kann Boris gut?

Sarah und Boris probieren verschiedene Schritte für die Herstellung der Umhängetasche aus. Sie machen Fotos davon.

A

die Einzelteile der Tasche mit Nieten befestigen

B

die gewünschten Maße der Tasche messen

C

die fertige Tasche

D

den Gurt befestigen

E
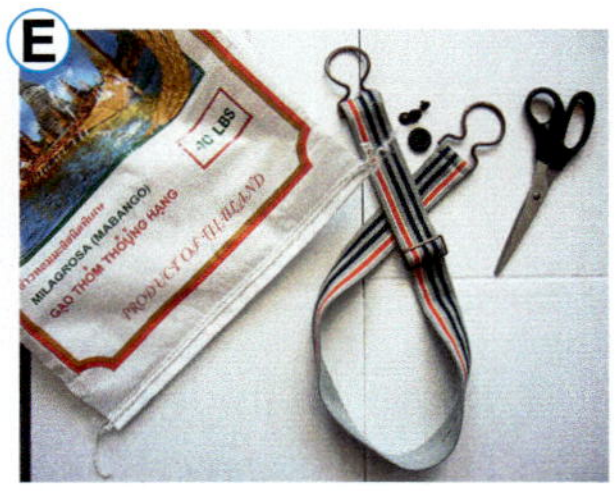
die Materialien und die Werkzeuge auswählen

F

die Maße auf das Plastik zeichnen

2 a) Welche Herstellungsschritte haben Sarah und Boris fotografiert?
b) Welcher wichtige Schritt fehlt vor dem Befestigen der Einzelteile?
c) Ordnet alle Schritte in eine sinnvolle Reihenfolge.

Eine Anleitung schreiben

Sarah und Boris finden ihre Idee gut. Damit auch ihre Mitschüler eine Tasche herstellen können, möchten sie eine Anleitung schreiben.

3 Beschreibe die Herstellung Schritt für Schritt.
Wende dabei die Schritte vom Schreibprofi an.
Verwende deine Stichworte von Aufgabe 2.

→ Schreibprofi S. 102

Boris überlegt, aus den Materialresten noch etwas herzustellen. Er hat die Idee für eine Handy-Tasche. Sie soll genau zu den Maßen seines Handys passen.

4 Schreibe eine Anleitung für Boris.
Wende dabei die Schritte vom Schreibprofi an.
Orientiere dich an Aufgabe 3.

→ Schreibprofi S. 102

Die Jugendlichen haben Ideen gesammelt und umgesetzt. Auch du kannst dir ein Geschenk überlegen und es herstellen. Dabei kannst du so vorgehen:

Ein Produkt überlegen
- Finde heraus,
  - was deine Stärken und deine Schwächen sind.
  - was deine Interessen sind.
  - worin du Erfahrungen hast.

Die Umsetzung überlegen und planen
- Schreibe einen Arbeitsplan, schreibe dir Stichworte auf oder fertige Skizzen an.

Das Produkt herstellen und dokumentieren
- Stelle das Produkt schrittweise her.
- Dokumentiere deine Arbeitsschritte mit einer Foto- oder Videokamera.
- Mache dir Stichworte zu deiner Arbeit.

5 a) Welches Geschenk möchtest du herstellen?
- Welche Materialien willst du verwenden?
- Wie willst du vorgehen?

b) Dokumentiere dein Vorgehen.

Eine Präsentation vorbereiten

Kevin und Janine haben zusammen mit Eric ein Kochbuch hergestellt. Während der Herstellung haben sie wichtige Schritte dokumentiert. Sie wollen die anderen darüber informieren und erstellen Karteikarten für eine Präsentation.

A

- *Rezepte gesammelt und ausgewählt*

→ *unsere besondere Idee: eigene Rezepte erfunden oder preiswerter gemacht*

- *Beispiel: Gemüse der Saison*

B

Einleitung = unsere Idee

- *Jamie Oliver aus dem Fernsehen, Engländer*
- *kocht einfach und gesund*

→ *unsere Idee: was Jamie Oliver kann, können wir auch*

- *Vorstellung der Gruppe*

C

- *Gerichte gekocht und fotografiert*
- *Foto mit Rezept auf einer Seite am PC schön gestaltet*
- *alle Seiten ausgedruckt*

→ *zu einem Kochbuch gebunden*

D

→ *noch eine besondere Idee: Reste für weitere Gerichte verwenden*

- *Beispiel: Kartoffeln mit weiteren Zutaten für spanische Tortilla verwendet*

E

Schluss

...

Die Karteikarten sind noch nicht geordnet. Eine Präsentation folgt aber immer einem bestimmten Aufbau.

1 In welcher Reihenfolge müssen die Jugendlichen die Karteikarten nummerieren? Bringt sie in eine sinnvolle Reihenfolge.

2 a) Was wollen die Jugendlichen in der Einleitung sagen?
b) Was möchten sie im Hauptteil sagen?
c) Was könnten sie zum Schluss der Präsentation sagen?

Eine Präsentation vorbereiten

Verschiedene Materialien unterstützen die Präsentation und helfen, den Inhalt besser zu verstehen und zu behalten.

Kevin, Janine und Eric überlegen sich, welche Materialien sie präsentieren möchten:

1

2

3

4

→ 1 einen Stadtplan von London
2 ein Kochbuch von J. Oliver
3 Kostproben von unseren Rezepten
4 Seiten aus unserem Kochbuch in einer PowerPoint Präsentation

3 a) Welche Materialien passen zur Präsentation über das Kochbuch? Worauf sollten die Jugendlichen verzichten? Begründet.
b) An welchen Stellen der Präsentation können sie diese Materialien präsentieren?

Die Materialien kannst du mit Hilfe verschiedener Medien präsentieren.

4 Mit welchen Medien könntet ihr die Materialien präsentieren? Ergänzt den Cluster.

→ Tafel, Folien, PC …

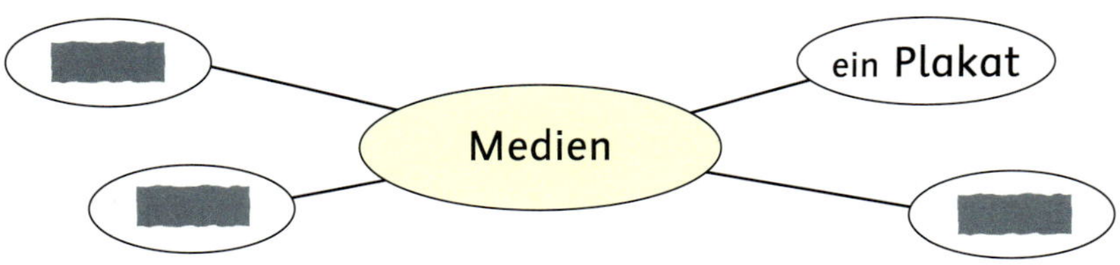

Die eigene Präsentation vorbereiten und üben

Ihr habt euer Geschenk geplant, hergestellt und die Herstellung dokumentiert. Nun könnt ihr – allein oder in der Gruppe – eure Präsentation vorbereiten.

1 Worüber möchtet ihr die anderen informieren?

a) Wertet eure Informationen aus.
b) Notiert einzelne Arbeitsschritte auf Karteikarten.
c) Nummeriert die Karteikarten in der richtigen Reihenfolge.
d) Markiert die wichtigen Wörter farbig.

→ eure Stichworte, euer Arbeitsplan, eure Skizzen …

2 Wie wollt ihr die Präsentation einleiten und beenden? Notiert eine Einleitung und einen Schluss auf Karteikarten.

3 Wählt für eure Präsentation geeignete Materialien aus.

→ Materialbeispiele, Fotos, Zeichnungen …

Materialien auswählen und erstellen

- Materialien dienen dazu, einen Vortrag oder eine Präsentation zu veranschaulichen.
  – Wählt die Materialien gezielt aus.
- Materialien sollen aus größerer Entfernung sichtbar sein.
  – Wählt große Bilder und eine große Schrift.
- Der Inhalt der Materialien muss für die Zuschauer schnell erfassbar sein.
  – Schreibt Stichworte statt lange Texte.
  – Benutzt unterschiedliche Farben.

4 a) Ordnet die Materialien den Karteikarten zu.
b) Markiert auf den Karteikarten, wann ihr die Materialien präsentiert.
c) Wählt passende Medien aus.

→ Tafel, Plakat, Folien, PC, Beamer …

5 a) Entscheidet, wer den Vortrag hält und wer die Materialien zeigt.
b) Übt die Präsentation in euren Gruppen.

Die eigene Präsentation halten und bewerten

**Nach der Präsentation geben die Zuhörer eine Rückmeldung.
Dabei kann der Beobachtungsbogen helfen.
Die Vortragenden erfahren so, was ihnen gelungen ist und was sie noch besser machen können.**

So war die Präsentation aufgebaut:	ja	manchmal	gar nicht
Die Präsentation hatte eine Einleitung.			
Die Präsentation hatte einen Hauptteil:			
Die Vortragenden nannten:			
– alle Arbeitsmaterialien			
– alle Arbeitsschritte			
– die benötigte Zeit für jeden Arbeitsschritt			
Die Präsentation hatte einen Schluss.			
So waren die Materialien und die Medien:			
Die Materialien passten zu der Präsentation.			
Die Medien wurden sinnvoll eingesetzt.			

1 a) Schreibe den Beobachtungsbogen mit dem PC.
b) Drucke den Beobachtungsbogen aus.

→ Eine Tabelle anlegen S. 111

Jede Person oder jede Gruppe hat ihre Präsentation vorbereitet und geübt.

2 Präsentiert euch gegenseitig eure Geschenke.
Die Zuhörer füllen den Beobachtungsbogen aus.

3 Sprecht gemeinsam über die Präsentation.
- Wurden die Beobachtungspunkte erfüllt?
- Was hat euch besonders gefallen?
- Was würdet ihr anders machen?

4 Sprecht gemeinsam über eure Geschenke.
- Welches Geschenk hat euch besonders gefallen?
- Welches Geschenk würdet ihr nachbauen?

Schulkleidung: ja oder nein?

Seit vielen Jahren wird darüber diskutiert, ob an deutschen Schulen Schulkleidung eingeführt werden soll.
Darüber gibt es sehr unterschiedliche Meinungen.

1

2

1 a) Welchen Eindruck habt ihr von der Kleidung der Jugendlichen
- auf Foto 1?
- auf Foto 2?

b) Warum entscheiden sich manche Jugendliche für das Tragen einheitlicher Kleidung? Vermutet.

pro

kontra

Wird Schulkleidung an Schulen eingeführt?

In Ländern wie Großbritannien und Japan ist das Tragen einer Schuluniform schon längst Pflicht. Aber soll die Einheitskleidung nun auch an unsere Schulen kommen? Diese Frage wird heftig diskutiert. Viele Eltern sind dagegen, weil sie Extra-Kosten fürchten. Andere Eltern hoffen, dass durch das Tragen gleicher Kleidungsstücke die Kinder mehr aufeinander als auf ihre Markenkleidung achten.
Zu einem ähnlichen Ergebnis kamen Psychologen der Universität Gießen. Sie stellen fest, dass eine gemeinsame Kleiderordnung zu einem besseren Miteinander an Schulen führt und dass die Konzentration auf den Unterricht erhöht wird. Einige Schulleiter führen das Wachsen eines Zusammengehörigkeitsgefühls als wichtiges Argument an. Manche Schüler vermuten, dass Mobbing* wegen falscher Kleidung vermindert oder vermieden werden kann. Andere Schüler finden, dass durch die Einheitskleidung die Persönlichkeit eingeschränkt wird.

* jemanden ständig beleidigen, belästigen, bedrohen oder quälen

2 Gebt das Thema des Zeitungsberichts in einem Satz wieder.

3 Sammelt erste Eindrücke zu diesem Thema in der Klasse.
- Wer für Schulkleidung ist, stellt sich links neben die Tafel.
- Wer dagegen ist, stellt sich rechts neben die Tafel.

Die Aufgabenstellung lesen und verstehen

Dijana beschäftigt sich mit dem Thema Schulkleidung in ihrer Abschlussarbeit. Vor ihr liegt der Aufgabenzettel.

Aufgabe:

(1) Schreibe eine Stellungnahme zu der Frage:
Schulkleidung: ja oder nein?
Beachte folgende Arbeitsschritte:
- Formuliere deine eigene Meinung zu dem Thema.
- Führe mindestens drei Argumente an, die deine Meinung stützen.
- Veranschauliche jedes Argument mit einem Beispiel. Du kannst auch Argumente aus dem Zeitungsbericht verwenden.

1 a) Welche Prüfungsaufgabe hat Dijana gewählt?
b) Beschreibt mit eigenen Worten, was Dijana tun soll.

Auf dem Aufgabenblatt steht eine Liste mit verschiedenen Argumenten zum Thema.

1. Es gibt auf dem Schulhof und in der Schule weniger Mobbing.
2. Jeder wird nach seinem Charakter (Persönlichkeit) bewertet.
3. Man kann Schuhe und Schmuck nach eigener Wahl tragen.
4. Billige Turnschuhe und Schmuck kann man von Markenware unterscheiden.
5. Man braucht die Schulkleidung doppelt, um sie wechseln und waschen zu können. Das ist teuer.
6. Es würde niemals Stress am Morgen geben, da die Schulkleidung schon zum Anziehen bereitliegt.
7. Jeder Mensch hat das Recht sich zu kleiden, wie er möchte.

Argumente sammeln und ordnen

pro

kontra

Bevor Dijana ihre Stellungnahme schreibt, erledigt sie Vorarbeiten. Sie ordnet die Argumente der Liste nach pro und kontra.

1. Schritt
die Argumente ordnen

1 a) Zeichnet eine Tabelle.
b) Ordnet die Argumente dafür und dagegen ein. Schreibt Stichworte auf.

Stichworte aufschreiben S. 106

Argumente dafür (pro)	Argumente dagegen (kontra)
weniger Mobbing in der Schule	…

Dijana überlegt kurz und findet die Einführung von Schulkleidung gut. Sie ergänzt ein eigenes Argument.

8. Die Konzentration im Unterricht verbessert sich.

2. Schritt
die Meinung bilden
ein Argument ergänzen

2 a) Welche Meinung habt ihr zum Thema? Begründet.
b) Ergänzt die Tabelle mit eigenen Argumenten.

Dijana wählt als Nächstes die drei Argumente aus der Liste aus, die sie am überzeugendsten findet.

Es gibt auf dem Schulhof und in der Schule weniger Mobbing.

Jeder wird nach seinem Charakter bewertet.

Die Konzentration im Unterricht verbessert sich.

3. Schritt
überzeugende Argumente wählen

3 a) Welche Argumente von Dijana überzeugen dich?
b) Welche Argumente hättest du gewählt? Begründe.

Argumente veranschaulichen

Dijana will begründen, warum genau diese Argumente für die Einführung von Schulkleidung sprechen.

Ausgewählte Argumente:

Ⓐ *Es gibt auf dem Schulhof und in der Schule weniger Mobbing.*
Ⓑ *Jeder wird nach seinem Charakter bewertet.*
Ⓒ *Die Konzentration im Unterricht verbessert sich.*

Dijanas Begründungen:

① *Ohne Markenkleidung wird niemand mehr ausgelacht.*
② *Man achtet nicht mehr auf das Äußere, sondern auf innere Werte.*
③ *Mit Schulkleidung sieht jeder gleich aus. Jeder hat den gleichen Stil.*

1 a) Welche Begründung stützt welches Argument? Ordnet zu.
b) Schreibt die Argumente mit passenden Begründungen auf.
Es gibt auf dem Schulhof und in der Schule weniger Mobbing, weil ohne Markenkleidung niemand mehr ausgelacht wird.

→ , da …
, weil …
, denn …

Die Argumente werden überzeugender, wenn du sie mit Beispielen veranschaulichst. Folgende Beispiele hat sich Dijana überlegt.

Dijanas Beispiele:

▲ *Mode ist kein Thema mehr während des Unterrichts.*
● *Bei Gruppenarbeit wähle ich die Schüler aus, die gut mit mir zusammenarbeiten.*
■ *Mein Freund Oskar wird dann nicht mehr wegen seiner Hosen geärgert.*

2 Welches Beispiel passt zu welchem Argument? Ordnet zu.

Bereite deine eigene Stellungnahme vor.

3 Welche drei Argumente stützen deine Meinung?

a) Lies deine Tabelle mit den Pro- und Kontra-Argumenten.
b) Wähle drei Argumente aus, die du am überzeugendsten findest.
c) Schreibe deine Argumente mit Begründungen auf.
d) Veranschauliche deine Argumente durch Beispiele.

4. Schritt
die Argumente veranschaulichen

Argumente entkräften

pro

kontra

Dijana möchte in der Stellungnahme zuerst ein Gegenargument entkräften. Sie wählt das für sie stärkste Gegenargument aus der Liste aus.

> *Jeder Mensch hat das Recht sich zu kleiden, wie er möchte.*

1 a) Wie bewertest du das gewählte Gegenargument?
b) Welches Gegenargument hättest du gewählt? Begründe.

5. Schritt
ein Gegenargument wählen

Dijana überlegt sich, wie sie das Gegenargument entkräften kann.

> *Jn ihrer Freizeit tragen die Schülerinnen und Schüler keine Einheitskleidung. Sie können Kleidung nach ihrem persönlichen Geschmack auswählen. Manche Jugendliche tragen aber auch in der Freizeit einheitliche Kleidung, zum Beispiel in Vereinen.*

2 a) Wie hat Dijana das Gegenargument entkräftet?
- Welche Einwände hat sie genannt?
- Welche Beispiele oder Erklärungen hat sie verwendet?

b) Wie überzeugend findest du die Entkräftung? Begründe.

3 a) Wähle selbst ein Gegenargument aus deiner Tabelle.
b) Entkräfte dein gewähltes Gegenargument.
- Nenne Einwände dagegen.
- Ergänze Beispiele.

6. Schritt
das Gegenargument entkräften

Um ihre Meinung überzeugend darzustellen, soll Dijana die Argumente ordnen. Das stärkste Argument sollte am Schluss stehen.

4 Welches ist dein schwächstes Argument? Welches ist dein stärkstes Argument? Nummeriere.

7. Schritt
die Argumente nach Wichtigkeit ordnen

Die Stellungnahme schreiben

**Nun hat Dijana alle Aufgaben der Vorarbeit erledigt.
Mit Hilfe ihrer Ergebnisse entwirft sie ihre Stellungnahme.
Sie schreibt einen zusammenhängenden Text.**

Schulkleidung: ja oder nein?

A: *Einige Menschen sind gegen einheitliche Schulkleidung, weil dadurch die freie Kleidungswahl eingeschränkt wird. Das sehe ich anders.*

B:

Jeder Mensch kann sich anziehen, wie er will. Jn ihrer Freizeit tragen die Schülerinnen und Schüler keine einheitliche Kleidung. Sie können Kleidung nach ihrem persönlichen Geschmack auswählen und tragen. — das Gegenargument

Wenn die Schüler eine einheitliche Schulkleidung tragen, verbessert sich die Konzentration im Unterricht. Dann sieht jeder gleich aus und die Schüler machen sich im Unterricht nicht mehr so viele Gedanken über die aktuelle Mode. — Argument 3 (schwächstes Argument)

Durch eine einheitliche Schulkleidung gibt es auf dem Schulhof und in der Schule weniger Mobbing, weil ohne Markenkleidung niemand mehr ausgelacht wird. Mein Freund Oskar wird dann nicht mehr wegen seiner Hosen geärgert. — Argument 2

Außerdem wird jeder nach seinem Charakter bewertet, weil man nicht mehr auf das Äußere achtet, sondern auf die inneren Werte. Bei Gruppenarbeit wähle ich die Schüler aus, die gut mit mir zusammenarbeiten. — Argument 1 (stärkstes Argument)

C: *Aus meiner Sicht sprechen die meisten Argumente für das Tragen einer einheitlichen Schulkleidung.*

Die Stellungnahme schreiben

pro
kontra

1 Wie hat Dijana die Stellungnahme aufgebaut?
- Was steht in der Einleitung Ⓐ?
- Welche Argumente stehen im Hauptteil Ⓑ?
  In welcher Reihenfolge werden sie aufgeführt?
- Was steht im Schluss Ⓒ?

2 Schreibt eine Checkliste
Eine Stellungnahme schreiben.
Denkt an:
- den Aufbau der Stellungnahme,
- die Reihenfolge im Hauptteil.

Auch du kannst eine Stellungnahme zu dem Thema schreiben.

3 Entwirf deine Stellungnahme.
Wende die Schritte vom Schreibprofi an.
- Verwende deine Ergebnisse der Seiten 31–35.
- Benutze deine Checkliste
  Eine Stellungnahme schreiben.

→ Schreibprofi S. 102

8. Schritt
die Stellungnahme schreiben

Es gibt viele Themen, zu denen man eine unterschiedliche Meinung haben kann.

Leben in der Großstadt – Vorteile und Nachteile

Fernsehen bildet: ja oder nein?

Verkaufsoffene Sonntage: ja oder nein?

Ferienarbeit oder Erholung?

4 a) Wähle ein Thema aus.
b) Sammle Argumente dafür und dagegen.
c) Schreibe dazu eine Stellungnahme.
Wende die Schritte vom Schreibprofi an.
Benutze deine Checkliste
Eine Stellungnahme schreiben.

→ Mitschüler befragen, Zeitung lesen …

→ Schreibprofi S. 102

„San Salvador“

Die folgende Geschichte erzählt von Paul und seinen Gedanken. Es ist eine Kurzgeschichte.

San Salvador

→ Textknacker S. 100
2 die Überschrift

Er hatte sich eine Füllfeder gekauft. Nachdem er mehrmals seine Unterschrift, dann seine Initialen*, seine Adresse, einige Wellenlinien, dann die Adresse seiner Eltern auf ein Blatt gezeichnet hatte, nahm er einen neuen Bogen, faltete ihn sorgfältig und schrieb: „Mir ist es hier zu kalt“, dann, „ich gehe nach Südamerika“, dann hielt er inne, schraubte die Kappe auf die Feder, betrachtete den Bogen und sah, wie die Tinte eintrocknete und dunkel wurde [in der Papeterie** garantierte man, dass sie schwarz werde], dann nahm er seine Feder erneut zur Hand und setzte noch seinen Namen Paul darunter. Dann saß er da. Später räumte er die Zeitungen vom Tisch, überflog dabei die Kinoinserate***, dachte an irgendetwas, schob den Aschenbecher beiseite, zerriss den Zettel mit den Wellenlinien, entleerte seine Feder und füllte sie wieder. Für die Kinovorstellung war es jetzt zu spät.

Die Probe des Kirchenchores dauerte bis neun Uhr, um halb zehn würde Hildegard zurück sein. Er wartete auf Hildegard. Zu all dem Musik aus dem Radio ****. Jetzt drehte er das Radio ab. Auf dem Tisch, mitten auf dem Tisch, lag nun der gefaltete Bogen, darauf stand in blauschwarzer Schrift sein Name Paul. „Mir ist es hier zu kalt“, stand auch darauf.

* großer, meist verzierter Anfangsbuchstabe des Namens

** schweiz.: ein Geschäft für Schreibwaren

*** Kinoanzeigen in der Zeitung

**** Während der ganzen Zeit lief das Radio.

Nun würde also Hildegard heimkommen, um halb zehn. Es war jetzt neun Uhr. Sie läse seine Mitteilung, erschräke dabei, glaubte wohl das mit Südamerika nicht, würde dennoch die Hemden im Kasten zählen, etwas müsste ja geschehen sein. Sie würde in den „Löwen" telefonieren. Der „Löwen" ist mittwochs geschlossen. Sie würde lächeln und verzweifeln und sich damit abfinden, vielleicht. Sie würde sich mehrmals die Haare aus dem Gesicht streichen, mit dem Ringfinger der linken Hand beidseitig die Schläfe entlangfahren, dann langsam den Mantel aufknöpfen. Dann saß er da, überlegte, wem er einen Brief schreiben könnte, las die Gebrauchsanweisung für den Füller noch einmal, sah wieder seinen Zettel, dachte an Palmen, dachte an Hildegard. Saß da. Um halb zehn kam Hildegard und fragte: „Schlafen die Kinder?" Sie strich sich die Haare aus dem Gesicht.

Peter Bichsel

Wer ist der Autor Peter Bichsel?

Peter Bichsel wurde 1935 in Luzern in der Schweiz geboren. Er war bis 1972 Grundschullehrer. Heute ist er Schriftsteller und Journalist. Die Kurzgeschichte „San Salvador" steht in einer Sammlung von Kurzgeschichten. Diese Geschichten beschreiben Tagträume im Alltagsleben.

1 a) Von welchem Tagtraum handelt die Kurzgeschichte?
b) **San Salvador** heißt eine kleine Insel mit langen Sandstränden. Warum hat der Autor diese Überschrift gewählt? Vermutet.
c) **San Salvador** heißt übersetzt **heiliger Retter**. Wie passt das zu der Kurzgeschichte?

Die Kurzgeschichte zusammenfassen

Tina hat „San Salvador“ gelesen und möchte an diesem Text die Analyse einer Kurzgeschichte üben.

Aufgabenstellung:

① Analysiere die Kurzgeschichte „San Salvador“ von Peter Bichsel. Berücksichtige folgende Arbeitsschritte:
- Schreibe eine Einleitung, in der du den Titel, den Autor, die Textsorte und das Thema benennst.
- Fasse den Inhalt knapp zusammen.
- Untersuche die Merkmale des Textes: den Ort, die Zeit, die Figuren, Besonderheiten und wichtige Ereignisse.
- Schreibe deine Meinung zu der Kurzgeschichte auf.

1 Welche Prüfungsaufgabe möchte Tina üben?

Als ersten Schritt bereitet Tina die Einleitung vor.

Die Einleitung

der Titel: [redacted] *die Textsorte:* [redacted]

der Autor: [redacted] *das Thema:* [redacted]

2 a) Ergänzt die Angaben für die Einleitung.
b) Fasst den Inhalt der Kurzgeschichte zusammen. Denkt an:
- die Zeitform Präsens,
- die richtige Reihenfolge,
- das Wichtigste.

1. Schritt
Titel, Autor, Textsorte und Thema benennen, den Inhalt zusammenfassen

Als zweiten Schritt bereitet Tina den Hauptteil vor.

Der Hauptteil

der Ort: [redacted] *die Zeit:* [redacted]

3 a) Ergänzt die Angaben zu Ort und Zeit.
b) Beschreibt die Hauptfigur Paul.
c) Beschreibt sein Verhältnis zu Hildegard.

2. Schritt
Ort, Zeit und Figuren untersuchen

Die Kurzgeschichte analysieren

Tina untersucht als Nächstes Besonderheiten der Sprache und wichtige Ereignisse.

> **3. Schritt**
> Besonderheiten und wichtige Ereignisse untersuchen

1 Im ersten Abschnitt der Kurzgeschichte steht oft das Wort **dann**.

→ Zeile 2–13

a) Wie fühlt sich Paul in diesem Abschnitt?
b) Wie verdeutlicht die Wiederholung von **dann** dieses Gefühl?

2 Paul schildert, wie seine Frau auf seine Nachricht und sein Verschwinden reagieren würde.
Er verwendet Verben in der Möglichkeitsform.

→ Zeile 27–36

a) Wie würde Pauls Frau reagieren?
b) Wieso schildert Paul die Reaktion so genau?
Stellt Vermutungen an.

→ Paul kennt seine Frau …

3 a) Wie reagiert Pauls Frau tatsächlich?
b) Wie könnte die Kurzgeschichte weitergehen? Vermutet.

4 Paul schreibt auf den Zettel an seine Frau:
Mir ist es hier zu kalt, ich gehe nach Südamerika. Paul

a) Was könnte Paul als **kalt** empfinden? Vermutet.
b) Hat Paul sein Weggehen ernst gemeint? Begründet.

5 a) Wolltet ihr auch schon mal von zu Hause weggehen?
In welchen Situationen war das?
b) Warum sollte so ein Schritt genau überlegt werden?

Im Schlussteil der Analyse ist die eigene Meinung gefragt.

> **4. Schritt**
> die eigene Meinung aufschreiben

6 Wie gefällt dir die Kurzgeschichte?
- Was gefällt dir gut?
- Was gefällt dir nicht so gut?

> **5. Schritt**
> die Analyse schreiben

7 Schreibe nun deine vollständige Analyse.
Schreibe Einleitung, Hauptteil und Schluss.
Wende dabei die Schritte vom Schreibprofi an.

→ Schreibprofi S. 102

Der elektronische Personalausweis

Seit dem 1. November 2010 gibt es einen elektronischen Personalausweis. Was ist daran so besonders? Der folgende Zeitungsartikel informiert darüber.

Der elektronische Personalausweis

→ Textknacker S. 100
2 die Überschrift
3 die Abschnitte

Seit dem 1. November 2010 gibt es den neuen sogenannten E-Perso. Das Aussehen des altbekannten Personalausweises ändert sich – abgesehen von der Größe – kaum, denn die Informationen zur Person werden weiterhin lesbar sein. Neu ist hingegen ein Chip, der die angegebenen Daten zusätzlich speichert. Auch zwei Fingerabdrücke können freiwillig hinterlegt werden.

Beim Foto heißt es „Lächeln verboten". Denn mit einem Computerprogramm wird eine Art Netz über das Passfoto gelegt. Damit berechnet die Software den Abstand von Mund, Nase, Stirn, Kinn und Augen im Gesicht.

Diese Gesichtsmerkmale sind wie der Fingerabdruck einzigartig. Die daraus gewonnenen Daten werden ebenfalls auf dem Chip gespeichert, um sie bei Verfahren der Gesichtserkennung einzusetzen. Diese Verfahren sollen Kontrollen im Inland und an Grenzen erleichtern.

Den E-Perso kann man an speziellen öffentlichen Automaten, zum Beispiel zum Fahrkartenkauf, nutzen. Im Internet wird der E-Perso unter anderem beim Online-Shopping oder für virtuelle Behördengänge wie beispielsweise eine Autoanmeldung verwendet. Damit sollen der Gang zu Ämtern sowie das manuelle Ausfüllen und Unterschreiben von Formularen entfallen.

Um sich auszuweisen, benötigt man am Computer zu Hause allerdings ein spezielles Kartenlesegerät für den E-Perso. Denn vor dem verschlüsselten Versand der Daten muss man den Vorgang mit einer Geheimnummer freigeben.

Die Betreiber von Internetportalen wie beispielsweise Behörden benötigen vom Staat ausgestellte Berechtigungszertifikate. Diese legen fest, welche Informationen vom Ausweis übermittelt werden.

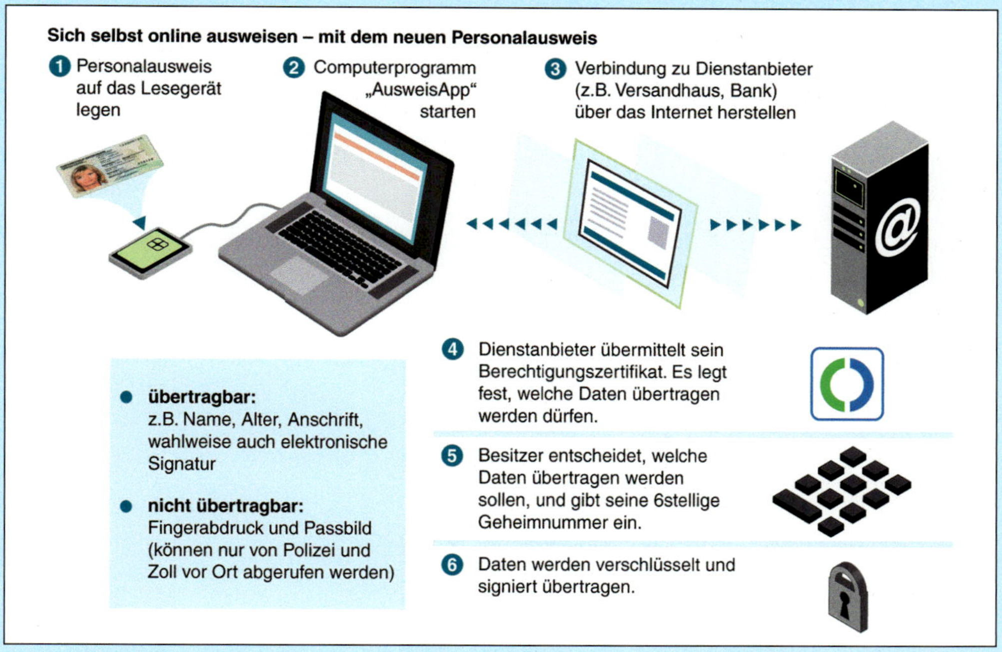

Zwar wurden für den elektronischen Personalausweis viele Sicherheitsmaßnahmen eingeführt. Aber generell gilt, dass man mit der Verbreitung der persönlichen Daten im Internet vorsichtig umgehen muss. Der wichtigste Schutz ist, den E-Perso sicher aufzubewahren und niemandem die Geheimzahl zu verraten.

nach Linda Klemme

1 Was ist das Besondere an dem elektronischen Personalausweis?

Die Aufgabenstellung lesen und verstehen

Über den Zeitungsartikel „Der elektronische Personalausweis" schreibt Tom heute seine Abschlussarbeit. Vor ihm liegt der Aufgabenzettel:

Aufgabe:

(1) Analysiere den Zeitungsartikel „Der elektronische Personalausweis". Berücksichtige folgende Arbeitsschritte:

(A) Schreibe eine Einleitung, in der du Überschrift, Textsorte, Autorin und Thema benennst.

(B) Fasse die wichtigsten Aussagen des Zeitungsartikels knapp zusammen. Gehe dabei ein auf:
- die Gründe und die Ziele für die Einführung des elektronischen Personalausweises,
- die neuen Nutzungs-Möglichkeiten der Bürger,
- die Hinweise für eine sichere Nutzung.

(C) (2) „Zwar wurden für den elektronischen Personalausweis viele Sicherheitsmaßnahmen eingeführt. Aber generell gilt, dass man mit der Verbreitung persönlicher Daten im Internet vorsichtig umgehen muss."
- Nimm Stellung zu dem Zitat und beziehe eigene Erfahrungen mit ein.

(D) Stelle deine Ergebnisse aus (1) und (2) in einem zusammenhängenden Text dar.

1 a) Welche Prüfungsaufgabe hat Tom gewählt?
b) Beschreibt mit eigenen Worten, was Tom tun soll.
Bei Teilaufgabe A muss ...

Den Sachtext erschließen

Tom bereitet seinen zusammenhängenden Text mit Schritt [1] vom Schreibprofi vor. Zuerst macht er sich Stichworte für die Einleitung.

→ Schreibprofi S. 102
[1] Vor dem Schreiben

Stichworte für die Einleitung

die Überschrift: [redacted] *die Textsorte:* [redacted]

die Autorin: [redacted] *das Thema:* [redacted]

1 Mit welchen Angaben muss Tom seine Stichworte ergänzen? Schreibt den vollständigen Stichwortzettel auf. Die Angaben dazu stehen oft auf dem Aufgabenzettel.

1. Schritt
Überschrift, Autorin, Textsorte, Thema benennen

Bevor Tom den Hauptteil vorbereitet, liest er sich den Zeitungsartikel nochmal Abschnitt für Abschnitt durch. Er schreibt zu jedem Abschnitt etwas auf.

1. Abschnitt: die Einführung des E-Perso"

Seit dem 1. November 2010 gibt es den elektronischen Personalausweis mit einem Chip, der Daten speichert.

2 a) Lest jeden Abschnitt des Zeitungsartikels genau durch.
b) Findet zu jedem Abschnitt eine passende Überschrift.
c) Schreibt zu jedem Abschnitt einen Satz.

Tom bereitet nun den Hauptteil vor. Er fasst die wichtigsten Aussagen mit Hilfe von W-Fragen zusammen.

2. Schritt
die wichtigsten Aussagen zusammenfassen

Die wichtigsten Aussagen für den Hauptteil zusammenfassen

Warum wird der altbekannte Personalausweis abgelöst?

3 Welche wichtigen Informationen stehen noch im Text? Stellt dazu W-Fragen und beantwortet sie.

Welche Angaben …?
Welche Möglichkeiten …?
→ Worauf … achten?

Zu einem Zitat Stellung nehmen

**Nun bereitet Tom den Schluss vor.
Er liest nochmals die Aufgabenstellung.**

② „Zwar wurden für den elektronischen Personalausweis viele Sicherheitsmaßnahmen eingeführt. Aber generell gilt, dass man mit der Verbreitung persönlicher Daten im Internet vorsichtig umgehen muss."
– Nimm Stellung zu dem Zitat und beziehe eigene Erfahrungen mit ein.

Danach schreibt Tom Stichworte auf.

Meine Erfahrungen mit der Verbreitung meiner Daten im Internet
- *war unvorsichtig, habe meine Daten in einem Chat geschrieben, ein Fremder hat meine Adresse benutzt*
- *vorsichtig sein, weil es Betrüger gibt*

1 a) Welche Erfahrungen hat Tom mit der Verbreitung seiner Daten im Internet gemacht?
b) Welche Meinung hat Tom? Wie begründet er sie?

3. Schritt
die eigene Meinung aufschreiben

2 a) Welche eigenen Erfahrungen habt ihr schon mit der Verbreitung eurer Daten im Internet gemacht? Schreibt Stichworte auf.
b) Welche Meinung hast du zu dem Zitat von Aufgabe ②? Begründe.

→ Stichworte aufschreiben S. 106

**Tom hat wichtige Informationen aufgeschrieben.
Er möchte sie für seinen zusammenhängenden Text ordnen.**

3 Erstellt eine Gliederung.
Verwendet dazu eure Stichwortzettel.
– Welche Informationen gehören in die Einleitung?
– Welche Informationen gehören in den Hauptteil?
– Welche Informationen gehören in den Schluss?

4. Schritt
eine Gliederung erstellen

Die Sachtextanalyse schreiben

Mit Hilfe der Gliederung kannst du den zusammenhängenden Text entwerfen.

5. Schritt
die Sachtextananlyse schreiben

1 Schreibe einen Entwurf des Textes.
Wende die Schritte **2** und **3** vom Schreibprofi an.

→ Schreibprofi S. 102

2 Beim Schreiben

Nun schreibe ich.

a) Ich halte mich dabei an meine Gliederung. Ich beginne bei jedem Gliederungspunkt einen neuen Abschnitt.
b) Ich verwende meine Stichworte. Ich schreibe in Sätzen. Ich denke daran:
   – Das erste Wort im Satz schreibe ich groß.
   – Ich setze am Ende vom Satz einen Punkt.
c) Ich finde eine Überschrift für meinen Text.

3 Nach dem Schreiben

Ich prüfe:

a) Ich prüfe meinen Entwurf mit der Checkliste.

Checkliste: eine Sachtextanalyse schreiben

- die Einleitung schreiben
  - der Titel ✓
  - der Autor ✓
  - die Textsorte ✓
  - das Thema ✓
- den Hauptteil schreiben
  - kurze Zusammenfassung ✓
  - W-Fragen beantworten ✓
- den Schluss schreiben
  - die eigene Meinung ✓

b) Ich markiere Stellen in meinem Entwurf, die ich überarbeiten möchte.

Ich überarbeite:

c) Ich überarbeite die markierten Stellen.

Lesen: Texte über den Rhein

Der Rhein – ein Gedicht

Der Dichter Clemens Brentano hat vor ungefähr 200 Jahren ein Gedicht über den längsten Fluss in Deutschland verfasst. Hier stehen die ersten drei Strophen.

Clemens Brentano
(1778–1842)

Nun, gute Nacht! mein Leben

Nun, gute Nacht! mein Leben,
Du alter, treuer Rhein!
Deine Wellen schweben
Klar im Sternenschein;
Die Welt ist rings entschlafen,
Es singt den Wolkenschafen
Der Mond ein Lied.

Der Schiffer schläft im Nachen
Und träumet von dem Meer;
Du aber, du musst wachen
Und trägst das Schiff einher;
Du führst ein freies Leben,
Durchtanzest bei den Reben
Die ernste Nacht.

Wer dich gesehn, lernt lachen;
Du bist so freudenreich,
Du labst das Herz der Schwachen
Und machst den Armen reich,
Du spiegelst hohe Schlösser,
Und füllest große Fässer
Mit edlem Wein.

Clemens Brentano

1 a) Worum geht es in dem Gedicht?
b) Worum geht es in jeder Strophe?

Der Rhein – ein Gedicht

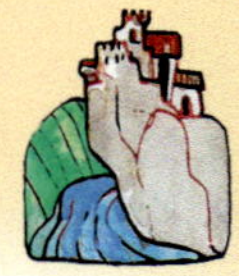

2 a) Schreibe das Gedicht ab.
So kannst du es besser untersuchen.
b) Unterstreiche die für dich unbekannten Wörter.
c) Kläre die Bedeutung der unbekannten Wörter.

→ im Wörterbuch nachschlagen, im Internet recherchieren …

Der Dichter Clemens Brentano benutzt eine besondere Sprache, eine bildliche Sprache.

3 a) Findet Beispiele für bildliche Sprache in dem Gedicht.
b) Umkreist sie auf dem abgeschriebenen Gedicht.

4 Wie könnt ihr die bildliche Sprache übersetzen?

a) Zeichnet eine Tabelle.
b) Schreibt die Beispiele in die linke Spalte.
c) Übersetzt die bildliche Sprache mit euren Worten.

Beispiel für bildliche Sprache	Übersetzung mit eigenen Worten
deine Wellen schweben	die Wellen sehen ganz leicht aus

Der Dichter möchte, dass du den Rhein mit allen Sinnen wahrnehmen kannst.

5 a) Lest noch einmal eure Beispiele von Aufgabe 4.
b) Schreibt auf, was ihr wahrnehmen könnt.
Ich sehe kleine, sanfte Wellen.
Ich höre …

Ihr habt die bildliche Sprache des Gedichts mit euren Worten übersetzt. Nun könnt ihr den Inhalt zusammenfassen.

6 Welche Informationen über den Rhein stehen in dem Gedicht? Schreibe zu jeder Strophe Stichworte auf.

→ Stichworte aufschreiben S. 106

7 a) Welche Verse des Gedichts haben dir besonders gut gefallen? Begründe.
b) Zeichne ein Bild zu diesen Versen oder zu einer Strophe.

Der Rhein – ein Sachtext

Informationen über den Rhein findet ihr auch in einem Lexikon.

➔ Textknacker S. 100
1 die Bilder
3 die Abschnitte
6, 7 der ganze Text

Der Rhein

Der Rhein ist der zweitgrößte Fluss in Europa und der längste Fluss in Deutschland. Seine Länge beträgt 1 230 Kilometer. Die Quelle des Flusses befindet sich in der Schweiz. Der Fluss zieht sich durch weite Teile der Schweiz, Österreichs, Frankreichs, Deutschlands und der Niederlande. In Rotterdam fließt der Rhein in die Nordsee. Er ist der größte Nordseezufluss und eine wichtige Schifffahrtsroute. Der Rhein ist wie eine Autobahn für Schiffe. Täglich sind dort 600 Schiffe unterwegs, die Waren flussauf- und flussabwärts transportieren. Die Schiffe haben vor allem Kohle, Öl oder auch Autos geladen. Ein Teil der Waren wird in Containern transportiert.

Nirgends in Europa haben sich jemals so viele Menschen an einem Strom angesiedelt wie am Rhein. Hier leben 50 Millionen Menschen, allein in Deutschland 34 Millionen.

Für die Menschen ist der Rhein auch ein wichtiger Lieferant von Trinkwasser. Der Rhein ist zeitweise aber auch gefährlich für die Menschen, denn im Frühjahr nach der Schneeschmelze tritt der Rhein regelmäßig über die Ufer. Er überflutet dann viele Städte.

Da am Rhein viele Menschen leben und sich auch viel Industrie angesiedelt hat, wurde der Rhein zeitweise stark verschmutzt. Bis vor wenigen Jahrzehnten galt der Rhein als eines der am stärksten mit Abwasser belasteten fließenden Gewässer Europas.

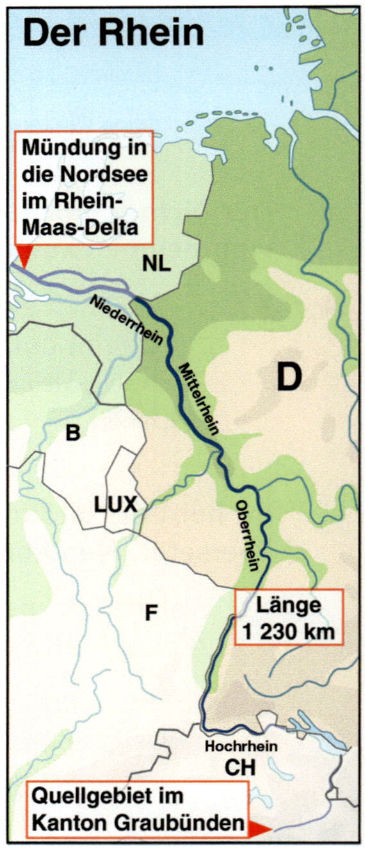

Der Rhein – ein Sachtext

Mit dem Ziel, das Ökosystem Rhein zu schützen, wurde 1987 das „Aktionsprogramm Rhein“ unterzeichnet. Die Sanierung des Rheins gilt heute als geglückt. Fast alle 45 Fischarten, die einst dort lebten, sind zurückgekehrt und haben sich wieder angesiedelt. Auch über 350 wirbellose Kleinstlebewesen finden im Rhein jetzt wieder erträgliche, wenn auch noch keine optimalen Lebensbedingungen.

Der Rhein ist nicht nur ein großes Siedlungsgebiet, sondern auch seit Jahrhunderten ein touristisches Ziel: Man kann an den Hängen rechts und links des Rheins zahlreiche Burgen besichtigen. Die Burgen hatten im Mittelalter reiche Fürsten erbaut.

An den Hängen sieht man auch zahlreiche Weinberge. Schon vor 2000 Jahren war das Gebiet am Mittelrhein bekannt für seinen Weinanbau. Das milde Klima, die Neigung der Hänge und die Sonneneinstrahlung sind gute Voraussetzungen für den Anbau von Reben. Weit verbreitet ist die Rebsorte Riesling.

1 Werte den Sachtext und die geografische Karte aus.

→ Textknacker S. 100

a) Finde für jeden Abschnitt eine passende Überschrift.
b) Schreibe zu jedem Abschnitt die wichtigen Informationen in Sätzen auf.

2 Vergleicht den Sachtext mit dem Gedicht auf Seite 46.
- Was will Clemens Brentano den Menschen über den Rhein mitteilen? Was ist ihm wichtig?
- Worüber will der Sachtext informieren?
- Wie unterscheiden sich die Sprache und die Form der beiden Texte?
- Welcher Text ruft eher Gefühle und Bilder hervor?

Der Rhein – ein Werbeprospekt und eine SMS

Je nach Situation schreiben Menschen unterschiedliche Texte. Manchmal schreiben sie für sich, manchmal für andere.

①

Rhein-Burgen-Weg

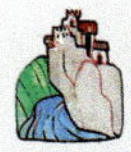

Kaiser, Könige, Fürsten, Bischöfe und Raubritter haben am Rhein ihre Burgen gebaut: fast immer auf der Höhe eines steilen Felssporns* über einer Stadt, oft von Weinbergen umgeben und mit weitem Blick in die herrliche Landschaft. Auf der Höhe, in unangreifbarer Lage, dienten die Burgen einerseits als Festung zur Sicherung des Herrschaftsgebietes am Rhein, aber andererseits auch als Zollstation zur Kontrolle des Verkehrs und des Handels auf dem Fluss.
Erst nachdem fast alle Burgen zerstört waren, begannen Dichter und Maler vor 200 Jahren das Rheintal neu zu sehen und zu erleben: die Vielfalt einer vom großen Strom geprägten Landschaft.

Reisende aus verschiedenen Ländern begegneten sich in den Dörfern und Städten am schmalen Ufer. Einige blieben länger, schrieben weltberühmte Lieder und Gedichte oder malten wunderbare Landschaftsbilder. Über die Höhen aber wanderte damals kaum jemand und auch heute genießen die meisten Touristen die Kulturlandschaft** bequem vom Schiff oder mit dem Fahrrad. Doch immer mehr Gäste zieht es von den Burgen über die Hänge auf den Rhein-Burgen-Wanderweg. Der Rhein-Burgen-Wanderweg erschließt das UNESCO***-Welterbe Oberes Mittelrheintal. Er führt durch eine beeindruckende Naturlandschaft; insgesamt ca. 220 km anspruchsvoller Wanderspaß.

* ein Felsen, der aus einem Berghang herausragt
** eine durch Menschen geprägte Landschaft
*** eine internationale Organisation für Erziehung, Wissenschaft und Kultur

②

Referat zum Thema: Der Rhein
Referent: Daniel Kiefer
1 Die Lage des Rheins
- ➡ *alles auf der Karte zeigen!*
- *zweitgrößter Fluss in Europa*
- *fließt durch: Schweiz, Deutschland, Österreich, Frankreich, Niederlande*
- *nicht vergessen: Nordsee + Rotterdam*

③

Textsorten vergleichen

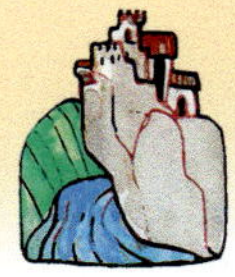

1 Worum geht es in den Texten 1–3?
Nennt passende Textstellen.

2 Klärt unbekannte Wörter in den Texten 1–3.

3 a) An wen richten sich die Texte?
Nennt mögliche Adressaten.
b) Aus welchem Anlass schreiben Menschen solche Texte?
Welches Ziel verfolgen sie?
c) Auf welche Informationen greift Daniel, der Verfasser von Text 2, zurück?

4 Worin unterscheidet sich die Sprache in den Texten 1–3?
Vergleicht.

vollständige Sätze	bildlich	für andere geschrieben	Jugendsprache
Stichworte	sachlich	für sich selbst geschrieben	Alltagssprache
Abkürzungen	persönlich		Werbesprache

5 Verfasse selbst einen Text über eine Landschaft oder eine Stadt. Wende dabei die Schritte vom Schreibprofi an. → Schreibprofi S. 102

1 **Ich überlege:**
a) **Für wen** will ich schreiben?
Welches Ziel verfolge ich?
b) **Was** will ich schreiben?
Auf welche Informationen greife ich zurück?

2 Nun schreibe ich meinen Text.
Ich kann Hilfen benutzen,
zum Beispiel die gesammelten Informationen.

3 Ich prüfe meinen Text.
Ich überarbeite.

Lesen: Literatur im Spiegel der Zeit

Der Zweite Weltkrieg – ein Erfahrungsbericht

**Der Zweite Weltkrieg war für die Menschen in ganz Europa und in Deutschland entsetzlich und brutal.
Ein älterer Mann berichtet von seinen Erlebnissen:**

→ Textknacker S. 100

„Von 1933 bis 1945 waren in Deutschland die Nationalsozialisten an der Macht mit Adolf Hitler als Reichskanzler. Deutschland wurde eine Diktatur und begann 1939 den Zweiten Weltkrieg. Als der Krieg ausbrach, war ich 9 Jahre alt. In diesem Krieg wurden über 50 Millionen Menschen ermordet.

Die Nationalsozialisten hatten eine größenwahnsinnige und menschenverachtende Denkweise von der Überlegenheit Deutschlands. Sie wollten ihre Macht und das Reichsgebiet vergrößern und griffen deshalb viele Länder Europas an. Deutsche Flugzeuge warfen tausende von Bomben über Städten ab. Dagegen wehrten sich die anderen Länder und starteten ebenfalls Flugzeugangriffe auf Deutschland.

Bei solchen Angriffen gingen laute Sirenen los. Daraufhin eilten alle Menschen in einen Luftschutzbunker. Manchmal wartete man dort mehrere Tage mit vielen Menschen auf engstem Raum.

Millionen von Menschen in ganz Europa und in Deutschland verloren ihr Zuhause, unzählige Menschen starben. Unser Haus wurde zerbombt, meine Oma wurde dabei verschüttet. Wir konnten sie nicht retten. Auch viele andere Kinder mussten den Tod von Verwandten miterleben und die Leichen begraben."

1 a) Wer war von 1933 bis 1945 in Deutschland an der Macht?
b) Wann begann der Zweite Weltkrieg?
c) Welche Folgen hatte der Zweite Weltkrieg für die Menschen in ganz Europa und in Deutschland?

Mein Leben – der Autor Wolfgang Borchert

In dieser Biografie schreibt der Autor Wolfgang Borchert über den Zweiten Weltkrieg und sein Leben.

Selbstbiografie

Wolfgang Borchert (1921–1947)

Ich bin 1921 in Hamburg geboren. Mein Vater ist Lehrer und meine Mutter ist Schriftstellerin. Ich habe eine Volksschule und eine Oberrealschule bis zur Prima* besucht. Danach war ich zwei Jahre Buchhändler und ging nebenbei auf eine Schauspielschule. Als Siebzehnjähriger veröffentlichte ich Gedichte. 1941 machte ich mein Schauspielexamen**. Von Juni 1941 bis April 1945 war ich Soldat. Ich bin verwundet worden, habe Erfrierungen gehabt und ich habe in Russland eine Art Gelbsucht bekommen, die bis heute andauert. Als Soldat habe ich zwei Freiheitsstrafen von zusammen 17 Monaten verbüßt, wegen Angriffen auf Partei, Staat und Wehrmacht. 1942 wurde gegen mich die Todesstrafe*** beantragt. Nach dem Kriege war ich zunächst am Kabarett**** tätig. […] Im Oktober 1945 wurde ich krank und habe seitdem ein Theaterstück geschrieben […]. Außerdem habe ich einen Gedichtband und einen Band Erzählungen veröffentlicht, die von verschiedenen Zeitschriften abgedruckt wurden. […]

* Das ist die oberste Schulklasse eines Gymnasiums. Borchert ging ohne Abschluss von der Schule.

** die Prüfung am Ende der Ausbildung zum Schauspieler

*** Das ist eine gesetzlich vorgesehene Strafe für ein Verbrechen. Borchert hatte etwas gegen Hitler und den Zweiten Weltkrieg gesagt.

**** eine Bühnenaufführung, in der Zustände in der Gesellschaft kritisiert werden

1 a) Zu welcher Zeit lebte Borchert?
b) Welchen Beruf erlernte er?
c) Welche Erfahrungen sammelte er im Krieg?

Sag NEIN! – eine Aufforderung

Wolfgang Borchert hat unterschiedliche Texte verfasst, die sich mit Krieg auseinandersetzen. Hier stehen Ausschnitte aus einem Text, den er wenige Wochen vor seinem Tod im Jahr 1947 geschrieben hat.

Dann gibt es nur eins!

Du. Mann an der Maschine und Mann
in der Werkstatt. Wenn sie dir morgen befehlen,
du sollst keine Wasserrohre und keine Kochtöpfe
mehr machen – sondern Stahlhelme und
Maschinengewehre, dann gibt es nur eins:
Sag NEIN!

Du. Besitzer der Fabrik. Wenn sie dir morgen befehlen,
du sollst statt Puder und Kakao Schießpulver
verkaufen, dann gibt es nur eins:
Sag NEIN!

Du. Arzt am Krankenbett. Wenn sie dir morgen
befehlen, du sollst die Männer kriegstauglich
schreiben, dann gibt es nur eins:
Sag NEIN!

Du. Mann auf dem Dorf und Mann in der Stadt.
Wenn sie morgen kommen und dir den Gestellungsbefehl*
bringen, dann gibt es nur eins:
Sag NEIN!

* Man wird zur Armee befohlen.

Sag NEIN! – eine Aufforderung

Du. Mutter in der Normandie und Mutter in der Ukraine, du, Mutter in Frisko und London, du, am Hoangho und am Mississippi, du, Mutter in Neapel und Hamburg und Kairo und Oslo – Mütter in allen Erdteilen, Mütter in der Welt, wenn sie morgen befehlen, ihr sollt Kinder gebären, Krankenschwestern für Kriegslazarette** und neue Soldaten für neue Schlachten, Mütter in der Welt, dann gibt es nur eins:
Sagt NEIN! Mütter, sagt NEIN!

** ein Krankenhaus für verwundete Soldaten

1 a) Welche Meinung hat Wolfgang Borchert vom Krieg?
b) Welche Gründe dafür finden sich in seiner Biografie?

→ Seite 53

Wolfgang Borchert möchte mit seinem Text etwas Wichtiges erreichen.
Das tut er auch mit besonderen sprachlichen Mitteln.

2 a) Wen spricht Wolfgang Borchert in seinem Text an?
b) Mit welchen Worten spricht er sie an?
c) Welche Wirkung erzielt er dadurch?

→ den Mann in der Werkstatt …

3 a) Wozu fordert Wolfgang Borchert auf?
b) Mit welchen Worten leitet er seine Aufforderung immer ein?
c) Welche Wirkung erzielt er durch die immer wiederkehrenden Worte?

An der Friedenseiche in Hamburg-Eppendorf ist eine Tafel mit einem Auszug aus diesem Text angebracht.

4 Warum wird der Text so öffentlich präsentiert? Stellt Vermutungen an.

Die wiederkehrende Aufforderung Sag NEIN! wurde zu einem viel zitierten Motto in der Friedensbewegung.

Nachts schlafen die Ratten doch – eine Kurzgeschichte

Wolfgang Borchert schrieb viele Kurzgeschichten. Sie thematisieren oft den Zweiten Weltkrieg und seine Auswirkungen auf die Menschen.

Nachts schlafen die Ratten doch

Die Schuttwüste döste. Er hatte die Augen zu. Mit einem Mal wurde es noch dunkler. Er merkte, dass jemand gekommen war und nun vor ihm stand. Jetzt haben sie mich!, dachte er. Aber als er ein bisschen blinzelte, sah er nur zwei etwas ärmlich behoste Beine. Er riskierte ein kleines Geblinzel an den Hosenbeinen hoch und erkannte einen älteren Mann. Der hatte ein Messer und einen Korb in der Hand.

„Du schläfst hier wohl, was?“, fragte der Mann und sah von oben auf das Haargestrüpp herunter.

Jürgen sagte: „Nein, ich schlafe nicht. Ich muss hier aufpassen.“

Der Mann nickte: „So, dafür hast du wohl den großen Stock da?“

„Ja“, antwortete Jürgen mutig.

„Worauf passt du denn auf?“

„Das kann ich nicht sagen.“ Er hielt die Hände fest um den Stock.

„Wohl auf Geld, was?“ Der Mann setzte den Korb ab.

„Nein, auf Geld überhaupt nicht“, sagte Jürgen verächtlich. „Auf ganz etwas anderes.“

„Na, was denn?“

„Ich kann es nicht sagen. Was anderes eben.“

„Na, denn nicht. Dann sage ich dir natürlich auch nicht, was ich hier im Korb habe.“

„Pah, kann mir denken, was in dem Korb ist“, meinte Jürgen geringschätzig, „Kaninchenfutter.“

Nachts schlafen die Ratten doch – eine Kurzgeschichte

„Donnerwetter, ja!", sagte der Mann verwundert, „bist ja ein fixer Kerl. Wie alt bist du denn?"

„Neun."

„Oha, denk mal an, neun also. Dann weißt du ja auch, wie viel drei mal neun ist, wie?"

„Klar", sagte Jürgen und, um Zeit zu gewinnen, sagte er noch: „Das ist ja ganz leicht."

„Drei mal neun, nicht?", fragte er noch einmal, „siebenundzwanzig. Das wusste ich gleich."

„Stimmt", sagte der Mann, „und genau soviel Kaninchen habe ich." Jürgen machte einen runden Mund: „Siebenundzwanzig?"

„Du kannst sie sehen. Viele sind noch ganz jung. Willst du?"

„Ich muss doch aufpassen", sagte Jürgen unsicher.

„Immerzu?", fragte der Mann. „Nachts auch?"

„Nachts auch. Immerzu. Immer."

Jürgen sah an den krummen Beinen hoch.

„Seit Sonnabend schon", flüsterte er.

„Aber gehst du denn gar nicht nach Hause? Du musst doch essen."

Jürgen hob einen Stein hoch. Da lag ein halbes Brot.

„Schade", der Mann bückte sich zu seinem Korb, „die Kaninchen hättest du ruhig mal ansehen können. Vor allem die Jungen. Vielleicht hättest du dir eines ausgesucht. Aber du kannst hier ja nicht weg."

„Nein", sagte Jürgen traurig, „nein, nein."

Der Mann nahm den Korb hoch und richtete sich auf. „Na ja, wenn du hierbleiben musst – schade." Und er drehte sich um.

1 a) Welche Personen sprechen miteinander?
b) Wo befinden sich die Personen?
c) Zu welcher Zeit spielt die Kurzgeschichte?

Nachts schlafen die Ratten doch – eine Kurzgeschichte

Der alte Mann wandte sich zum Gehen.

„Wenn du mich nicht verrätst“, sagte Jürgen da schnell, „es ist wegen den Ratten.“

„Wegen den Ratten?“

„Ja, die essen doch von Toten. Von Menschen. Da leben sie doch von.“

„Wer sagt das?“

„Unser Lehrer.“

„Und du passt nun auf die Ratten auf?“, fragte der Mann.

„Auf die doch nicht!“ Und dann sagte er ganz leise: „Mein Bruder, der liegt nämlich da unten. Da.“ Jürgen zeigte mit dem Stock auf die zusammengesackten Mauern. „Unser Haus kriegte eine Bombe. Mit einmal war das Licht weg im Keller. Und er auch. Wir haben noch gerufen. Er war viel kleiner als ich. Erst vier. Er muss hier ja noch sein. Er ist doch viel kleiner als ich.“

Der Mann sagte plötzlich: „Ja, hat euer Lehrer euch denn nicht gesagt, dass die Ratten nachts schlafen?“

„Nein“, flüsterte Jürgen und sah mit einmal ganz müde aus, „das hat er nicht gesagt.“

„Na“, sagte der Mann, „das ist aber ein Lehrer, wenn er das nicht mal weiß. Nachts schlafen die Ratten doch. Nachts kannst du ruhig nach Hause gehen.“

Jürgen machte mit seinem Stock kleine Kuhlen in den Schutt. Lauter kleine Betten sind das, dachte er, alles kleine Betten.

Da sagte der Mann, und seine krummen Beine waren ganz unruhig dabei: „Weißt du was? Jetzt füttere ich schnell meine Kaninchen, und wenn es dunkel wird, hole ich dich ab. Vielleicht kann ich eins mitbringen. Ein kleines oder, was meinst du?“

Nachts schlafen die Ratten doch – eine Kurzgeschichte

Jürgen machte kleine Kuhlen in den Schutt. Lauter kleine Kaninchen. Weiße, graue, weißgraue. „Ich weiß nicht“, sagte er leise und sah auf die krummen Beine, „wenn sie wirklich nachts schlafen.“ Der Mann stieg über die Mauerreste weg auf die Straße. „Natürlich“, sagte er von da, „euer Lehrer soll einpacken, wenn er das nicht mal weiß.“ Da stand Jürgen auf und fragte: „Wenn ich eins kriegen kann? Ein weißes vielleicht?“ „Ich will mal versuchen“, rief der Mann schon im Weggehen, „aber du musst hier so lange warten. Ich gehe dann mit dir nach Hause, weißt du? Ich muss deinem Vater doch sagen, wie so ein Kaninchenstall gebaut wird. Denn das müsst ihr ja wissen.“ „Ja“, rief Jürgen, „ich warte.“ „Ich muss ja noch aufpassen, bis es dunkel wird. Ich warte bestimmt.“ Und er rief: „Wir haben auch noch Bretter zu Hause. Kistenbretter“, rief er. Aber das hörte der Mann schon nicht mehr. Er lief mit seinen krummen Beinen auf die Sonne zu. Die war schon rot vom Abend, und Jürgen konnte sehen, wie sie durch die Beine hindurchschien, so krumm waren sie. Und der Korb schwenkte aufgeregt hin und her. Kaninchenfutter war da drin. Grünes Kaninchenfutter, das war etwas grau vom Schutt.

nach Wolfgang Borchert

2 a) Warum sitzt Jürgen bei dem zerbombten Haus?
b) Was sagt der alte Mann über Ratten?

Nachts schlafen die Ratten doch – eine Kurzgeschichte

Mit Hilfe der folgenden Aufgaben könnt ihr die Kurzgeschichte untersuchen.

1 Schreibt in einem Satz, worum es in der Kurzgeschichte geht.

2 Fasst den Inhalt der Kurzgeschichte zusammen. Ordnet jedem Satzanfang das passende Satzende zu.

Die Kurzgeschichte spielt	(i) (n)	in Amerika im Zweiten Weltkrieg. in Deutschland im Zweiten Weltkrieg.
Die Hauptpersonen sind	(o) (a)	ein Junge und sein Vater. ein Junge und ein alter Mann.
Der Junge Jürgen sitzt allein	(c) (n)	vor einem zerbombten Haus. vor einem Kleingarten.
Plötzlich	(e) (h)	laufen viele Ratten aus dem Haus. steht ein alter Mann vor ihm.
Vor diesem alten Mann hat Jürgen zuerst	(t) (l)	Angst. keine Angst.
Der alte Mann beginnt	(a) (g)	mit Jürgen ein Gespräch. die Mauer vor dem Haus einzureißen.
Erst ist Jürgen sehr	(k) (r)	zurückhaltend und vorsichtig. eingebildet und laut.
Durch das Gespräch mit dem alten Mann	(u) (t)	wird er ganz müde. wird er abgelenkt.
Unter den Trümmern liegt	(i) (j)	sein toter Bruder. seine Tante.
Jürgen bewacht den toten Bruder,	(v) (s)	weil die Ratten ihn nicht anfressen sollen. weil noch eine Bombe fallen könnte.

Nachts schlafen die Ratten doch – eine Kurzgeschichte

Wenn ihr Aufgabe 2 richtig bearbeitet, ergibt sich ein Wort. Es spielt für das Verständnis der Kurzgeschichte eine wichtige Rolle.

3 a) Schreibt das Wort auf.
b) Klärt die Bedeutung des Wortes.
c) Schreibt die Erklärung mit eigenen Worten auf.
d) Findet Beispiele für nachtaktive Tiere.

→ in einem Lexikon nachschlagen, im Internet recherchieren …

Die Überschrift sagt etwas über den Text. Sie findet sich auch in der Kurzgeschichte wieder.

4 a) An welcher Stelle wird der Satz in der Kurzgeschichte wiederholt? Nennt die Zeile.
b) Wer sagt diesen Satz?
c) Was will er damit erreichen? Stellt Vermutungen an.

Während des Gesprächs ändert sich Jürgens Stimmung und sein Verhalten. Dem alten Mann gelingt es, Vertrauen zu Jürgen aufzubauen.

5 a) Wie ist Jürgens Stimmung zu Beginn und warum?
b) Wie verhält er sich am Ende?

zu Beginn:	während des Gesprächs:	am Ende:
Jürgen hat Angst davor, dass …	…	…

6 a) Wodurch verbessert der alte Mann Jürgens Stimmung?
b) Welche Hoffnung gibt er ihm?
c) Zeichnet die Grafik ab.
d) Ergänzt die Grafik.

7 a) Wie gefällt dir die Kurzgeschichte?
b) Was macht die Kurzgeschichte so besonders für dich?
c) Welche Stelle beeindruckt dich besonders?

Lesen: eine Biografie

Jamie Oliver – Jeder kann kochen

Der britische Starkoch Jamie Oliver zaubert aus einfachen Zutaten leckere und gesunde Gerichte. In dieser Biografie erfahrt ihr mehr über ihn.

Jamie meint: „Jeder kann kochen"

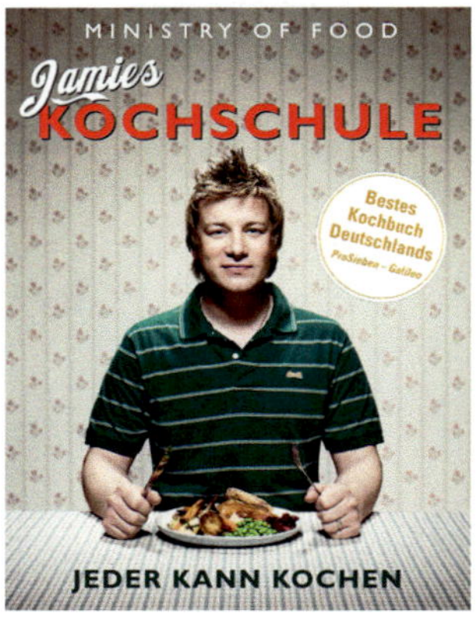

Jamie wurde am 25. Mai 1975 in Clavering, einem Dorf in Großbritannien, geboren. Seine Eltern führten ein Pub*, in dem Jamie schon in jungen Jahren in der Küche half. Er verließ die Schule mit 16 Jahren und absolvierte danach seine Lehre als Koch am Westminster Catering College. Bevor Jamie im topaktuellen **River Café** in London eine Stelle annahm, arbeitete er in Frankreich.

* engl.: die Kneipe

Nach einer Fernseh-Dokumentation über das **River Café** bot man Jamie 1997 eine eigene TV-Show an: **The naked** ** **chef**. Das Konzept dieser Kochshow war einfach: Jamie konnte jeden zum Kochen anregen, weil er sich auf einfache Rezepte besann. Nach dem Erfolg der Show brachte Jamie sein erstes Kochbuch heraus.

** engl.: nackt; steht hier für einfache Zutaten und für die einfache Zubereitung der Rezepte

2001 eröffnete Jamie in London das Restaurant **Fifteen**, in dem fünfzehn junge Menschen ohne schulische oder berufliche Ausbildung eine Chance bekamen, in der Gastronomie zu arbeiten. Das Projekt, das **Jamie's Kitchen** heißt, wurde vom Fernsehen begleitet und in über 40 Ländern ausgestrahlt. In einigen Städten der Erde wurde Jamies Idee aufgenommen und bereits umgesetzt. So bekommen viele Jugendliche eine Chance auf eine gesicherte Zukunft.

Jamie Oliver – Jeder kann kochen

Im Jahr 2004 verfolgte Jamie eine neue Idee. Er hatte eine steigende Anzahl dicker Kinder in England beobachtet. Daraufhin sah er sich das ungesunde Essen in den Schulküchen an. Sein Versuch, das Schulessen zu ändern, stieß vorerst auf den Widerstand vieler Beteiligter. Einige Eltern waren es nicht mehr gewöhnt, selbst zu kochen. Sie setzten ihren Kindern ausschließlich Junkfood*** vor. Auch ein Großteil des Schulküchenpersonals und der Schüler war zuerst wenig begeistert. Doch nach und nach stellte sich der Erfolg von **Feed me better******** ein und sogar die englische Regierung unterstützte das Projekt mit einer höheren Geldsumme.

*** engl.: ungesunde, kalorienreiche Nahrung
**** engl.: ernähre mich besser/gesünder

Auch Jamies Idee, den Amerikanern gesunde Ernährung näherzubringen, stieß zunächst auf wenig Begeisterung. Doch Jamie schien sich davon nicht abschrecken zu lassen. So zeigte er 2006 in der Serie **Jamie at home**, wie man selbst Kräuter und Gemüse anbaut und diese zu schmackhaften Gerichten verarbeitet. Jamie kämpft – trotz einiger Tiefschläge – weiter für gesunde Ernährung und die Lust am Kochen.

1 Wende die Schritte [3] und [7] vom Textknacker an.

a) Finde zu jedem Abschnitt eine Überschrift.
b) Schreibe zu jedem Abschnitt etwas auf.
- Was sind die wichtigsten Stationen im Leben des Starkochs?
- Welche Projekte hat er veranlasst? Beschreibe sie kurz.
- Welche Projekte waren zuerst erfolglos? Nenne die Gründe.

→ Textknacker S. 100
[3] die Abschnitte
[7] der ganze Text

2 Welches Projekt von Jamie interessiert dich am meisten? Recherchiere dazu weitere Informationen.

→ Im Internet recherchieren S. 112

Lesen: einen Sachtext erschließen

Die Verbreitung von Informationen

Wenn wir heute nach Informationen suchen, haben wir vielfältige Möglichkeiten. Doch das war nicht immer so.

Vom Buchdruck bis zum digitalen Zeitalter

Textknacker S. 100
3 die Abschnitte

Im frühen Mittelalter war es schwer, an Informationen zu gelangen. Zu dieser Zeit wurde jedes Buch mit der Hand abgeschrieben. Bücher waren Einzelstücke, von denen es oft nur 2 oder 3 Stück gab. Deshalb besaßen nur wenige Leute Bücher und konnten daraus Informationen entnehmen.

Vor etwa 500 Jahren erfand Johannes Gutenberg aus Mainz den Buchdruck mit Lettern: mit beweglichen Druckbuchstaben. So konnten schnell viele gleiche Seiten gedruckt werden und Bücher konnten damit vervielfältigt werden. Dadurch wurde ein neues Zeitalter in der Wissensvermittlung eingeleitet, denn mehr Menschen hatten Zugriff auf Bücher – und damit auf Informationen.

Im 20. Jahrhundert führte die Erfindung des Computers zu einem Umbruch in ein neues modernes Zeitalter. Durch die enormen Möglichkeiten der elektronischen Datenverarbeitung entstanden auch neue Formen der Kommunikation und der Verarbeitung von Informationen. Die Datenmenge stieg explosionsartig an. Heute werden fast 100 Prozent der Daten digital erzeugt: Sie werden mit dem Computer verfasst, veröffentlicht oder vervielfältigt. Digitale Daten sind für fast alle Menschen auf der Erde über das Internet verfügbar. Doch auch das Internet musste erst erfunden werden.

Der Anfang des Internets ist nicht genau zu bestimmen. Vor ungefähr 50 Jahren forschten bereits Wissenschaftler nach einer Vernetzung von Computern, um Daten mit ihren Kollegen auszutauschen. Das Internet wurde im Jahr 1993 für viele Menschen ein Kommunikationsmittel. Der Durchbruch des Internets als Massenmedium gelang mit der Erfindung des World Wide Web.

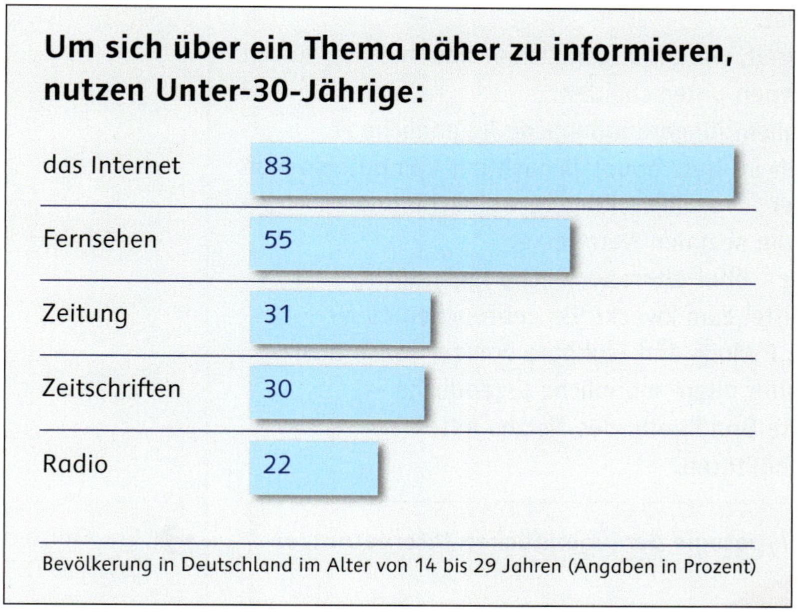

→ ein Balkendiagramm lesen S. 101

Durch das World Wide Web können Menschen weltweit Informationen im Internet abrufen und austauschen.

1 a) Welche 3 Erfindungen führten in der Vergangenheit zu einem neuen Zeitalter der Informations- und Wissensverbreitung? Nennt passende Textstellen.
b) Wieso führten diese Erfindungen zu einem Umbruch? Nennt jeweils die Auswirkungen der Erfindungen.
c) Welches Informationsmedium nutzen junge Menschen am meisten?

Die Nutzung des Internets

Wie Jugendliche das Internet nutzen, wurde in einer Studie im Jahr 2010 erforscht.

Jugendliche nutzen das Internet

➔ Textknacker S. 100
2 die Überschrift

Im Rahmen der Studie wurde das Freizeitverhalten von Jugendlichen untersucht. Dabei wurde festgestellt, dass fast alle Jugendlichen (96 Prozent) einen Zugang zum Internet haben. Jeder Heranwachsende verbringt durchschnittlich 13 Stunden pro Woche im Internet.
Es wurde auch ermittelt, wie die Jugendlichen das Internet nutzen. Man kann 4 Nutzertypen unterscheiden:

- Die **Gamer** – vor allem jüngere männliche Jugendliche – verbringen ihre Zeit im Netz hauptsächlich mit Computerspielen.
- **Digitale Netzwerker** – vor allem jüngere weibliche Jugendliche – nutzen vor allem die sozialen Netzwerke.
- Für **Funktions-User** – eher ältere weibliche Jugendliche – ist das Internet Mittel zum Zweck: Sie gebrauchen es für Informationen, E-Mails und Einkäufe von zu Hause aus.
- Die **Multi-User** – eher ältere männliche Jugendliche – nutzen die gesamte Bandbreite des Netzes mit all seinen Funktionalitäten.

Internet-User: Typologie der jugendlichen Internetnutzer

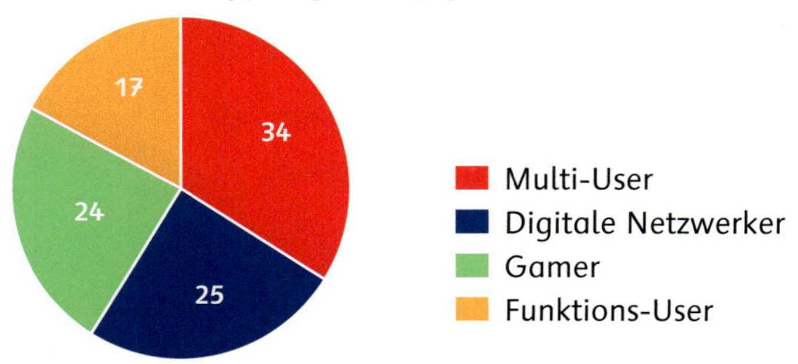

Jugendliche im Alter von 15 bis 25 Jahren (Angaben in Prozent)

➔ Ein Kreisdiagramm lesen S. 101

1 a) Welche Nutzertypen gibt es?
b) Welche Merkmale haben die Nutzertypen?
c) Welche Gruppe ist am größten? Welche ist am kleinsten?
d) Zu welchem Nutzertyp gehörst du? Begründe.

Die Nutzung des Internets

Im Internet werden unzählige Daten und Informationen bereitgehalten. Wer gezielt etwas sucht, sollte die folgenden Tipps beachten.

Tipps zur Informationssuche im Internet:

1. Schreibe den Suchbegriff richtig.
2. Gib mehrere Begriffe ein, damit nur wichtige Seiten angezeigt werden. Du kannst die Begriffe mit einem Plus verbinden.
3. Begrenze die Suche: Du kannst bei vielen Suchmaschinen durch ein Minus die Anzahl der Suchergebnisse verringern. Setze vor das Minus ein Leerzeichen.
4. Fasse Begriffe zu Wortketten zusammen: Bei manchen Suchmaschinen kannst du dazu mehrere Begriffe in Anführungszeichen („...“) setzen.
5. Sieh dir die Treffer in der Trefferliste genau an. Nicht immer zeigen alle Suchergebnisse das an, was du suchst.
6. Klicke nicht jeden Treffer an, sondern lies den Titel und die Beschreibung. Dadurch erkennst du, welche Treffer du gebrauchen kannst.
7. Die besten Treffer stehen nicht immer oben. Sieh dir auch die folgenden Treffer an.
8. Überprüfe dein Suchergebnis: Liest es sich falsch oder merkwürdig? Nicht alles, was im Internet steht, ist wahr.
9. Überprüfe, von wem die Seite stammt, zum Beispiel über das Impressum*. Informiere dich immer bei einer zweiten Quelle: bei einer anderen Internetseite oder in einem Lexikon.
10. Jeder Text, jedes Bild und jedes Video unterliegt dem Urheberrecht**. Du darfst das Werk eines anderen nur dann verwenden, wenn er es erlaubt.
11. Vergiss niemals die Internet-Sicherheitsregeln.

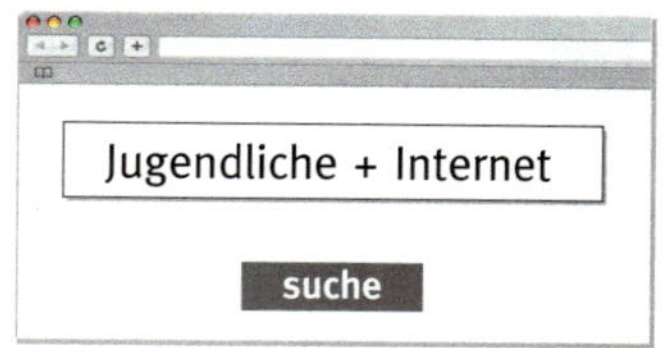

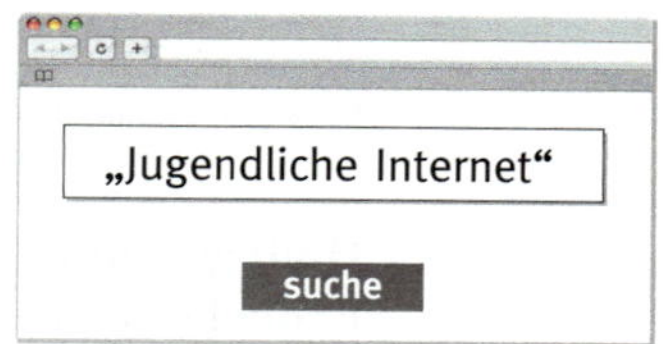

* Dort stehen die Angaben über den Text, z. B. Autoren.

** der Urheber: Er hat z. B. einen Text geschrieben.
das Urheberrecht: Dieser Text ist rechtlich geschützt.

2 a) Wendet die **Tipps zur Informationssuche im Internet** an. Findet Informationen über den Beruf Rettungsassistent.

→ Im Internet recherchieren S. 112

b) Sprecht gemeinsam über eure Erfahrungen:
- Welche Suchbegriffe habt ihr verwendet?
- Welche Informationen habt ihr gefunden?

Lesen: eine Tageszeitung

Zeitung lesen: die Titelseite

Als Tom heute in der Stadt war, hat er ein Probe-Exemplar der regionalen Tageszeitung* bekommen.

* erscheint täglich nur in einer bestimmten Region und berichtet auch speziell über regionale Ereignisse

→ Textknacker S. 100
1 die Bilder
2 die Überschrift

1 Verschaffe dir einen ersten Überblick.

Protest: Wartender VIP im kalten S-Bahnhof *Seite 14*

Wissenschaft: Menschen kleiden sich seit 170 000 Jahren *Seite 11*

Regionale Zeitung

Mittwoch, 12. Januar 2011 | www.[redacted].de | 0.90 € Berlin/Brandenburg | 1.00 € Auswärts/D

Haiti gedenkt des Erdbebens vor einem Jahr

Ein Jahr nach dem verheerenden Erdbeben gedenkt Haiti seiner mehr als 220 000 Opfer. Noch immer leben rund eine Million Menschen in notdürftigen Camps, wie die UNO mitteilte. *Leitartikel Seite 4, Politik Seite 7*

Wetter

Eine Mischung aus Nebel und Wolken bedeckt das Land. Nieselregen.

Berlin: Dichte Bewölkung. Nur am Nachmittag bleibt es meist trocken. 4 bis 6 Grad, nachts 2 bis 5 Grad. *Seite 10*

Leserbriefe	*17*
Kleinanzeigen	*24, 26*
Veranstaltungen	*26, 27*

S-Bahn-Leben

Eine harte Woche haben die Berliner S-Bahn-Fahrer hinter sich. Ausgefallene Züge, Notfahrpläne, fleißige, aber überforderte Werkstattmitarbeiter, ratlose Bahnmanager. Zehntausende Kunden fordern Schadenersatz, der Regierende Bürgermeister Klaus Wowereit verlangt mehr als zwei Monate Freifahrten.

Seiten 3, 14, 17 und 21

2 a) Welche Angaben stehen direkt unter dem Namen der Zeitung?
b) Worüber berichten die einzelnen Beiträge?
c) Wieso steht unter einigen Beiträgen ein Seitenverweis?

Zeitung lesen: verschiedene Beiträge

Am meisten interessiert sich Tom für die Informationen über die S-Bahn und blättert zur Seite 14.

➔ Textknacker S. 100

Regionale Zeitung

Berlin

VIP im kalten S-Bahnhof

Nein, das ist nicht wirklich Will Smith, der da auf die S-Bahn wartet, sondern seine Wachsfigur. Die stammt – man ahnt es – aus dem nahen Kabinett von Madame Tussauds Unter den Linden. Gestern wurde der Figur des Hollywood-Schauspielers eine Winterjacke und ein Schal umgelegt, und sie wurde in den kalten S-Bahnhof Brandenburger Tor geschleppt. Die Aktion möge als Protest gegen die aktuellen Probleme der S-Bahn verstanden werden, unter denen auch das Wachsfigurenkabinett leide, hieß es. Na wenn's hilft.

Verkehr *S-Bahn 41/ S-Bahn 42:* In der Nacht 11./12. Januar, 22–1.30 Uhr: bitte in beiden Fahrtrichtungen in Gesundbrunnen umsteigen.

Mit dem Zetteltrick in die Wohnung

Gegen drei Trickdiebinnen ist wegen schweren Bandendiebstahls in Tempelhof Haftbefehl erlassen worden. Das Trio hatte vergangenen Mittwoch gezielt bei älteren Menschen geklingelt, um sie mit Hilfe des Zetteltricks zu bestehlen. Dabei fragen Betrüger beispielsweise nach einem Zettel und schleichen sich in die Wohnung, während ihre Opfer nach dem Gewünschten suchen. Zivilfahnder hatten die drei Frauen beobachtet. *(dpa)*

3 In Zeitungen gibt es verschiedene **Themenbereiche**.

➔ Sport, Regionales ...

a) Welchen Themenbereich hat Tom aufgeschlagen?
b) Worüber berichten die einzelnen Beiträge?

4 In Zeitungen gibt es verschiedene **Arten von Beiträgen**. Welche Arten stehen auf dieser Seite? Begründet.

Eine Nachricht informiert kurz und sachlich über aktuelle Ereignisse oder Sachverhalte. Sie beantwortet meist die Fragen: Was? Wer? Wann? Wo?

Eine Reportage ist ein Erlebnisbericht. Sie vermittelt Gefühle und Stimmungen. Zu einer Reportage gehören Hintergrundinformationen zum Thema.

Zeitung lesen: eine Nachricht und eine Reportage

Tom interessieren auch die neuesten Sportergebnisse. Deshalb sucht er gezielt, wo er die Ergebnisse findet.

→ Textknacker S. 100

Regionale Zeitung

Sport

Sport in Zahlen
Basketball

Bundesliga, 18. Spieltag:

Mitteldeutscher BC – Alba Berlin 61:72 (32:36);
Bayreuth – Braunschweig 82:93 (43:43);
Düsseldorf – Bremerhaven 67:69 (31:31);
Ulm – Bamberg 69:81 (34:48)

BERLINER NOTIZEN

Eisbären siegen und sind Tabellenführer

EISHOCKEY. Die Eisbären sind neuer Tabellenführer der DEL. Die Berliner gewannen beim EHC München 5:4 und liegen in der Tabelle mit 65 Zählern einen Punkt vor dem EHC Wolfsburg (64), der zwei Spiele weniger absolviert hat. Steve Walker verwandelte den entscheidenden Strafstoß.

Spaß in der Erwachsenenwelt

Der 16-jährigen Silke Lippok gehört die Zukunft im Schwimmsport.

ESSEN. Der Vergleich drängt sich auf. Silke Lippok, 16 Jahre alt und Besitzerin eines Satzes EM-Medaillen, erinnert an die junge Franziska van Almsick, die bei Olympia 1992 als 14-Jährige mit zwei Mal Silber und zwei Mal Bronze ihre große Karriere einläutete. Silke Lippok stört dieser Vergleich nicht weiter. Silke Lippok gehört die Zukunft. Was andere vor

ihr geschafft haben, ist der Schwimmerin aus Pforzheim erfrischend egal. „Ich mache meine eigene Karriere“, sagt sie. Das gefällt Bundestrainer Dirk Lange. Er beschreibt die Athletin als „jung, unverbraucht, dynamisch, aggressiv in ihrem Rennverhalten, frei von Angst“ und kommt zu dem Schluss: „Es scheint, dass sie einen sehr großen Weg gehen kann.“

Susanne Rohlfing (gekürzt)

5 a) Gegen welche Mannschaft hat Alba Berlin am 18. Spieltag gespielt?
b) Wie viele Punkte hatte Alba Berlin im Endstand?
c) Wie war der Punktestand zur Halbzeit?

6 a) Welche Überschriften sprechen dich an? Begründe.
b) Worüber berichten die einzelnen Beiträge?
c) Welcher Beitrag ist eine Nachricht? Welcher eine Reportage?

Zeitung lesen: ein Bericht

Während Tom durch die Zeitung blättert, stößt er auf eine weitere interessante Überschrift.

→ Textknacker S. 100

Regionale Zeitung

Wissenschaft

Menschen kleiden sich seit 170 000 Jahren

DNA-Vergleich von Läusen bringt Gewissheit

Bereits vor 170 000 Jahren hüllte sich der Mensch in Gewänder. Das hat ein US-amerikanisches Forschungsteam entdeckt. Der DNA-Vergleich von Kleider- und Kopfläusen verriet dabei, dass Kleiderläuse vor etwa 170 000 Jahren entstanden sind. Da sie sich nur in Kleidung vermehren, muss der Mensch schon zu dieser Zeit seinen Körper verhüllt haben. Vermutlich war das auch eine Voraussetzung dafür, dass unsere Vorfahren aus Afrika in die wesentlich kälteren nördlichen Breitengrade wandern konnten, wie die Wissenschaftler um die Forscherin Mellisa Toups schreiben. Archäologische Funde und Genanalysen sprechen dafür, dass die Wurzeln des modernen Menschen in Afrika liegen.

Liefert wichtige Info: die Kleiderlaus.

Von dort aus hat er vor etwa 100 000 Jahren Asien und weite Gebiete Europas besiedelt. Ob die frühen Menschen aus Afrika umsiedeln konnten, weil sie sich mit Hilfe von Kleidung vor der Kälte des eiszeitlichen Europas geschützt haben, war bisher unklar. Daher gingen die Wissenschaftler um Toups der Frage mit kleinen Parasiten nach. Um herauszufinden, wann aus der zuvor bereits existierenden Kopflaus die Kleiderlaus als neue Unterart entstanden ist, verglichen die Forscher das Erbgut dieser beiden Läuse.

(dapd)

7 Fasst den Inhalt des Beitrags mit eigenen Worten zusammen.

8 a) Wie heißt die regionale Tageszeitung bei euch?
b) Besorgt euch ein aktuelles Exemplar.
c) Welche weiteren Themenbereiche gibt es in eurer Tageszeitung?
d) Welche findest du interessant? Begründe.

9 a) Wähle einen Beitrag aus deiner Tageszeitung aus.
b) Stelle ihn der Klasse vor.

Großschreibung wiederholen

Großschreibung von Satzanfang und Nomen

Die Klasse 10 möchte ungewöhnliche Geschenke herstellen. Sonja findet im Internet die Anleitung für eine Schale, aber sie kann das PDF nicht öffnen. Nicole entwirft eine E-Mail.

Sehr geehrte damen und Herren,

auf der Internetseite von Alu-self gibt es verschiedene anleitungen zum Download. mich interessiert die Anleitung zum Bau der Schale aus Alublech. leider kann ich die datei nicht öffnen. Gibt es diese Anleitung auch ausgedruckt?
Über die zusendung der Anleitung auf Papier würde ich mich sehr freuen. vielen Dank!
Mit freundlichen grüßen
Sonja Zenner

Achtung Fehler

1 In dem Entwurf sind einige Fehlerwörter markiert.
Was wurde hier falsch gemacht?

Am **Satzanfang** schreiben wir immer groß.
Auch **Nomen (Namenwörter)** schreiben wir **immer groß**.

2 Schreibe die E-Mail richtig auf.
Achte auf die Großschreibung von Satzanfang und Nomen.

Sonja hat die Anleitung per Post erhalten. Darin steht, welche Werkzeuge sie benötigt. Sonja möchte ihren Onkel Fred fragen, ob sie sein Werkzeug ausleihen darf.

3 Schreibe eine E-Mail für Sonja.
Achte auf die Großschreibung von Satzanfang und Nomen.

in der Schule | Geschenke herstellen | eine Obstschale aus Metall

benötigtes Werkzeug: eine Metallfeile und eine Metallsäge

Großschreibung der Anredepronomen

Anna möchte einen Bilderrahmen mit Mosaik gestalten. Anna überlegt, wie sie preiswert das Material bekommen könnte. Sie entwirft eine E-Mail.

Sehr geehrter Herr Baumann,

unsere Klasse möchte Geschenke herstellen.
Ich habe mir überlegt, einen Bilderrahmen mit Mosaik zu gestalten. Dazu benötige ich bunte Keramikfliesen.
Im Internet habe ich [redacted] Unternehmen gefunden und [redacted] Auswahl an Fliesen bewundert. Da ich wenig Geld habe, wende ich mich an [redacted] mit einer Bitte: Ist es [redacted] möglich, dass [redacted] mir Restfliesen schenken? Ich nehme gern auch [redacted] Scherben. Vielen Dank für [redacted] Antwort!
Mit freundlichen Grüßen
Anna Müller

→ Ihr
Ihnen
Sie
Ihre

1 a) Schreibe die vollständige E-Mail auf.
Achte auf die Großschreibung der Anrede.
b) Markiere **Sie**, **Ihr**, **Ihre**, **Ihnen**.

Die Anrede **Sie**, **Ihr**, **Ihre** und **Ihnen** schreiben wir in Einladungen, Briefen und Bewerbungen **groß**.

2 a) Wähle eine der folgenden Situationen aus.
b) Schreibe den Text für eine E-Mail.
Wende die Schritte vom Schreibprofi an.
Achte auf die Großschreibung der Anrede.

→ Schreibprofi S. 102

① Sonja benötigt für die Schale Alublech. Sie überlegt, ob sie auf dem Schrottplatz das Material vielleicht umsonst bekommen könnte. Da telefonisch niemand erreichbar ist, schreibt Sonja einen Brief.

② Boris will eine Lampe mit Federn verzieren. Er überlegt, ob er preiswerte Federn auf dem Hühnerhof von Bauer Ewald bekommen könnte. Bevor Boris zu Bauer Ewald fährt, möchte er schriftlich anfragen.

Großschreibung von Verben

Elias hat einen Tisch bearbeitet und entwirft dafür eine Anleitung. Elias beschreibt die Arbeitsschritte und gibt wichtige Hinweise. Einige Nomen fehlen aber noch.

Ein Tisch in Tüten-Technik

Zuerst muss man die Tischplatte abschleifen. Das Holz muss zum Abschleifen trocken sein. Anschließend entfernt man den Staub. Zum Entfernen verwendet man ein trockenes, fusselfreies Tuch.

Nun streicht man die Tischplatte in einer gewünschten Farbe an. Beim ____ sollte man darauf achten, dass die Farbe gleichmäßig verteilt ist. Anschließend muss man warten, bis die Farbe getrocknet ist. Das ____ dauert etwa 4 bis 6 Stunden.

Als Nächstes bereitet man die Tüten-Technik vor. Zum ____ benötigt man einen Pappteller, auf dem man die anderen Farben verteilt. Dann knüllt man eine Tüte zusammen und berührt damit die Farbe auf dem Pappteller.

Anschließend tupft man mit der Tüte auf die Tischplatte. Das ____ muss vorsichtig erfolgen, damit die Farbe nicht verwischt. Zum Schluss kann man den Tisch farblos lackieren. Am besten verwendet man zum ____ einen dicken Pinsel.

1 a) Welche Verben wurden im ersten Abschnitt zu Nomen?
b) Ergänzt die fehlenden fünf Nomen.

2 a) Schreibe die vollständige Anleitung auf.
b) Markiere alle Verben, die Nomen geworden sind.
c) Markiere auch die Wörter **das**, **beim**, **zum** davor.

Großschreibung von Verben

Elias möchte in der Anleitung die folgenden Hinweise noch genauer beschreiben.

zum Entfernen (Zeile 3) beim Anstreichen (Zeile 6)
das Tupfen (Zeile 16) zum Lackieren (Zeile 19)

3 Mit welchen Adjektiven kann Elias die Hinweise noch genauer beschreiben? Ergänzt.
Denkt daran: Adjektive schreibt man klein.
zum vollständigen Entfernen

→ vollständig
gleichmäßig
sorgfältig
abschließend
farblos

Auch Aline hat eine Anleitung entworfen.

Achtung Fehler

Ein neuer Sofa-Bezug

Material: ein Bettlaken, gesammelte Blätter, bunte Textilfarbe, ein Pinsel

Zuerst breitet man das Bettlaken auf einem flachen Untergrund aus. Das gleichmäßige ausbreiten gelingt leichter, wenn man zu zweit ist. Anschließend trägt man die Farbe auf die Blätter auf. Zum flächigen auftragen verwendet man am besten einen dünnen Pinsel. Nun bedruckt man das Bettlaken mit den Blättern. Durch das farbige bedrucken kann man zum Beispiel eine hübsche Randborte gestalten. Anschließend zieht man die Blätter ab. Man muss beim abziehen besonders vorsichtig vorgehen, damit die Blattmaserung sichtbar bleibt.

4 Überarbeite die Anleitung von Aline.
Wende den Schritt **3** vom Schreibprofi an.
Denke daran:
- Verben, die Nomen werden, schreiben wir groß.
- Adjektive schreiben wir klein.

→ Schreibprofi S. 102

Zeitformen der Verben wiederholen

Das Präsens

Jurek hat sich für einen Beruf entschieden: Er möchte Rettungsassistent werden. Eine seiner Aufgaben ist es, Erste Hilfe zu leisten. Dazu muss Jurek zum Beispiel einen Druckverband anlegen können.

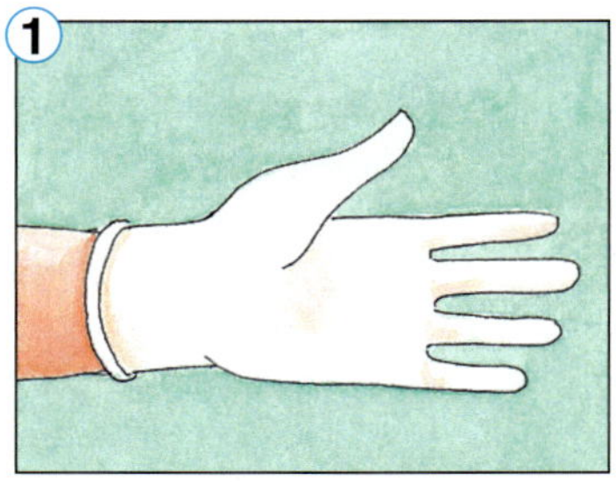

1 bei blutenden Wunden Einmalhandschuhe tragen

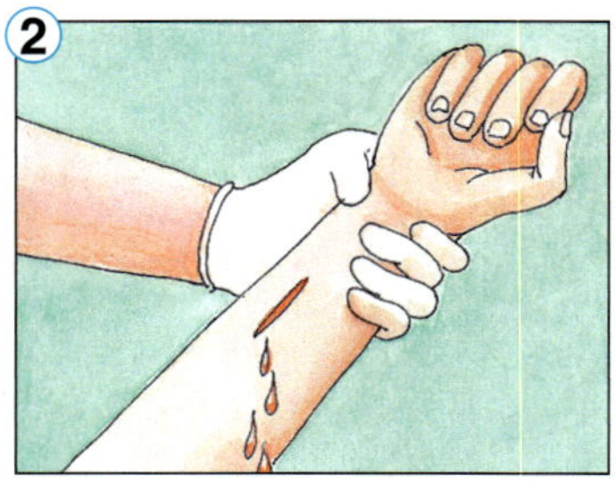

2 den betroffenen Körperteil hochhalten

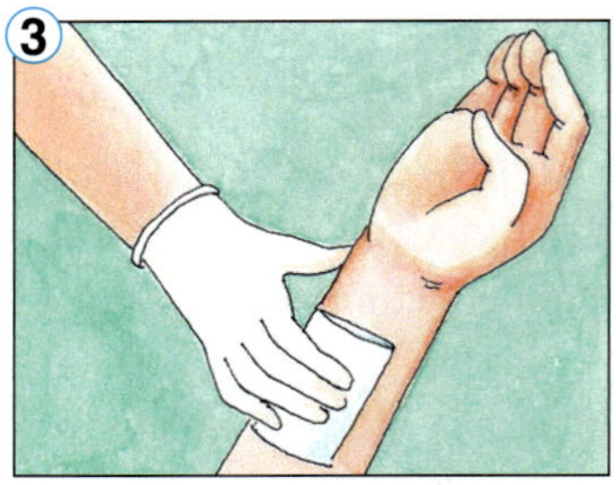

3 die Wunde mit keimfreier Wundauflage abdecken

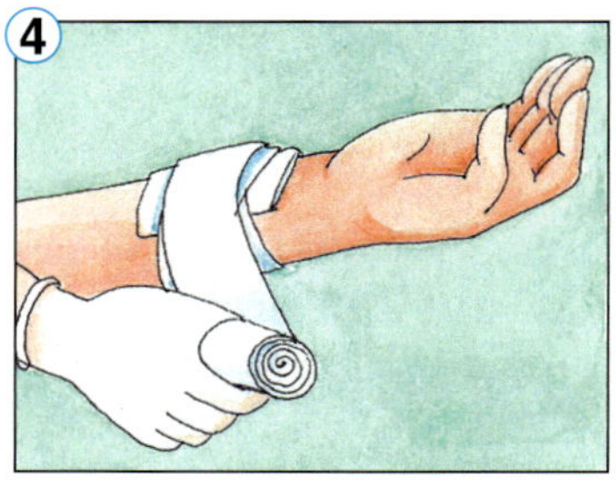

4 mit einem Verband 2- bis 3-mal umwickeln

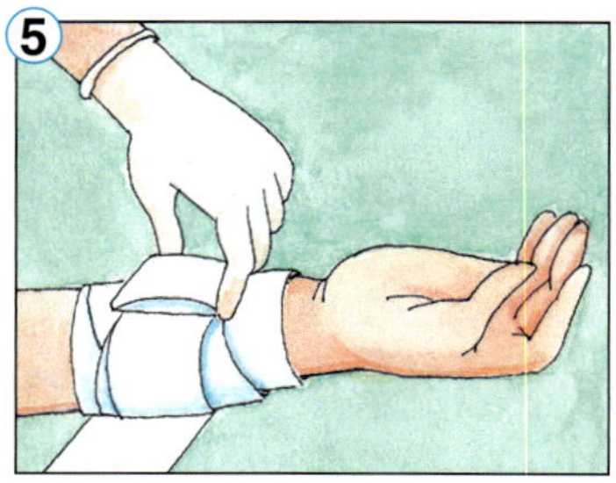

5 ein Verbandspäckchen als Druckpolster auflegen

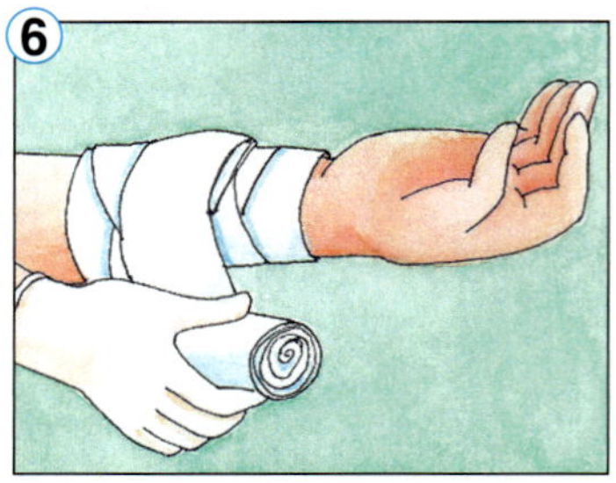

6 mit dem restlichen Verband umbinden

1 Was ist beim Anlegen eines Druckverbandes zu tun? Beschreibt die Schritte.

2 a) Schreibe alle Verben in der Grundform (Infinitiv) untereinander auf.
b) Bilde zu jedem Verb in der Grundform das passende Verb im Präsens.
tragen – man trägt

3 Schreibe die Anleitung in vollständigen Sätzen auf. Verwende die Verben im Präsens.

Das Perfekt

Jurek erzählt abends seinem Vater vom Tag beim Roten Kreuz.

„Ich habe heute gelernt, wie bei einer größeren Schnittwunde ein Druckverband angelegt wird. Zuerst habe ich Einmalhandschuhe angezogen. Danach habe ich den Verwundeten aufgefordert, den blutenden Körperteil hochzuhalten. Dann habe ich die Wunde mit einer keimfreien Wundauflage abgedeckt und mit einem Verband 2- bis 3-mal umwickelt. Anschließend habe ich ein Verbandspäckchen als Druckpolster auf die Wunde gelegt und mit dem restlichen Verband umbunden."

1 Schreibe alle Verben im Perfekt auf.
ich habe gelernt

2 Schreibe alle Verben als Wörterreihen auf.
lernen – ich lernte – ich habe gelernt

→ Wörterreihen aufschreiben S. 104

Als Rettungsassistent muss Jurek auch kleinere Wunden versorgen.
Die Abbildungen zeigen, was er getan hat.

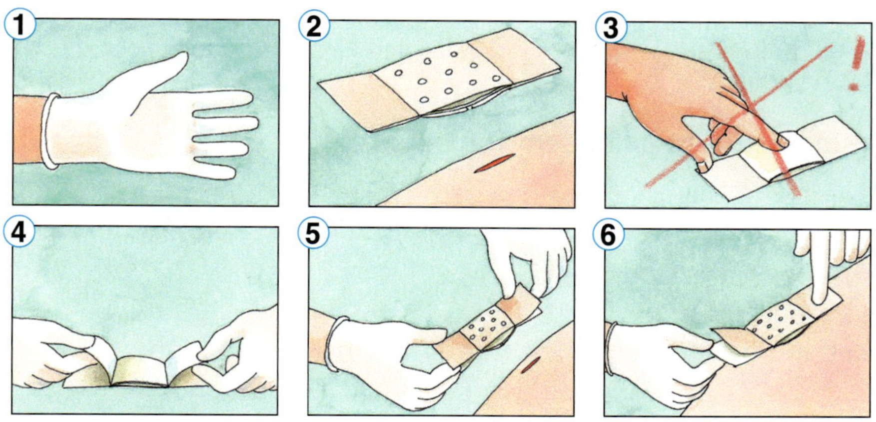

→ die Wundauflage nicht berühren
die Schutzstreifen anfassen und abziehen
die Klebeflächen andrücken

3 Wie hat Jurek die kleine Wunde versorgt? Beschreibt die einzelnen Schritte. Verwendet Verben im Perfekt.
Jurek hat …

Das Präteritum

Hier seht ihr weitere Tätigkeiten eines Rettungsassistenten.

1
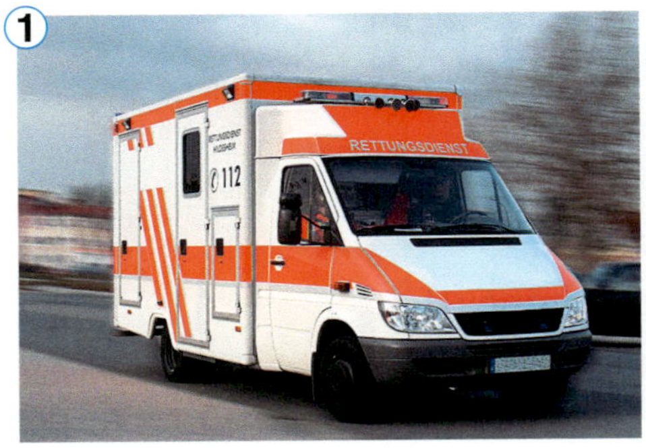
im Rettungswagen fahren

2
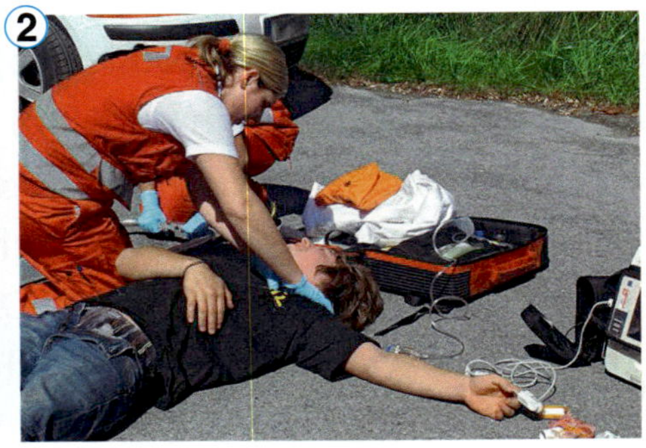
die Erstversorgung durchführen

3

ein Funkgerät bedienen

4
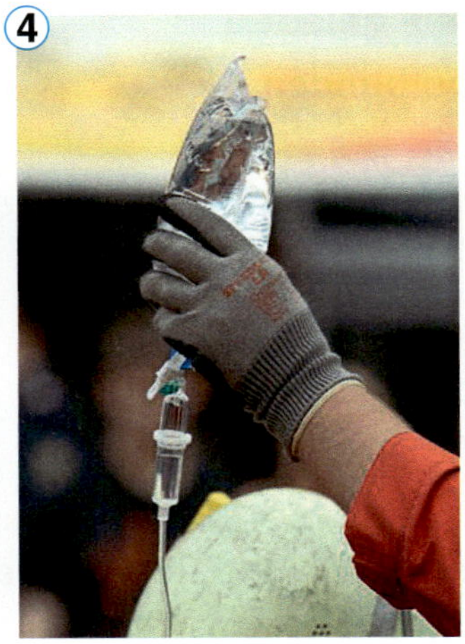
einen Infusionsbeutel halten

5

das Fahrzeug für den Einsatz vorbereiten

1 Was hat der Rettungsassistent an diesem Tag getan? Berichtet.

2 a) Schreibe alle Verben untereinander auf.
fahren
b) Bilde die Verben in der Vergangenheit (Präteritum):
fahren – er fuhr

3 Berichte über die Tätigkeiten eines Rettungsassistenten. Schreibe Sätze auf. Verwende die Verben im Präteritum.

Das Futur

In seiner Ausbildung zum Rettungsassistenten wird Jurek noch eine Menge lernen. Er liest in einer Broschüre der Arbeitsagentur.

Rettungsassistenten und -assistentinnen haben hauptsächlich folgende Aufgaben:

- Einsatzaufträge entgegennehmen
- sicher und schnell zur Einsatzstelle fahren
- selbstständig Erste Hilfe bei medizinischen Notfällen aller Art leisten (Lagerung, Beatmung, Blutstillung, Schockbehandlung)
- erforderliche Maßnahmen zur Herstellung der Transportfähigkeit einleiten
- Verlaufsdokumentationen bzw. Protokolle erstellen
- das Fahrzeug säubern und desinfizieren, Medikamentenbestände überprüfen
- Einsatzfahrzeuge betanken

1 Was wird Jurek in Zukunft noch alles in seiner Ausbildung lernen? Verwendet Verben im Futur.
Er wird Einsatzaufträge entgegennehmen.

Jurek ist stolz, dass er den Ausbildungsplatz bekommen hat. Er schreibt einem Freund, was er als Rettungsassistent alles lernen wird.

2 a) Schreibe Sätze auf. Verwende Verben im Futur.
b) Markiere alle Verben.

3 Was wirst du in deinem Wunschberuf lernen?

a) Informiere dich.
b) Schreibe Sätze auf. Verwende Verben im Futur.
c) Markiere alle Verben.

→ bei der Agentur für Arbeit, im BIZ, im Internet …

Zeichensetzung wiederholen

Satzschlusszeichen

Die Klasse hat im Unterricht über die Einführung von Schulkleidung gesprochen. In der Pause diskutieren die Jugendlichen weiter.

Ole: „Ich ziehe doch keine Schulkleidung an■"
Angelina: „Das finde ich auch■ Warum soll uns die Schule vorschreiben, was wir anziehen■"
Dijana: „So ein Quatsch■ Mir gefällt die Idee, wenn wir alle coole T-Shirts der Schule tragen■"
Jakob: „Ich finde eine einheitliche Schulkleidung auch gut■ Es gibt dann weniger Streit■"
Marek: „Schulkleidung löst doch keine Probleme■ Meinst du tatsächlich, dass dadurch Mobbing vermieden werden kann■"
Sven: „Warum regt ihr euch so auf■ Es ist doch gar nichts entschieden■"
Anna: „Mir ist das sowieso alles egal■"

1 a) Lest die Sätze mit unterschiedlicher Betonung vor.
b) Überlegt bei jedem Satz, welches Satzzeichen passt. Es gibt verschiedene Möglichkeiten. Begründet eure Entscheidung.

2 Schreibe die Sätze auf. Ergänze dabei passende Satzschlusszeichen.

3 Wie könnte die Diskussion weitergehen? Schreibt eine Fortsetzung. Denkt an die passenden Satzzeichen.
Lisa: „Ich habe überhaupt keine Lust auf Schulkleidung."
Mustafa: „Warum nicht? …

4 Lest eure Fortsetzung mit verteilten Rollen der Klasse vor. Achtet auf die Betonung.

Kommasetzung bei Konjunktionen

Schulkleidung: ja oder nein?
Die Jugendlichen sollen zu dem Thema eine Stellungnahme schreiben. Marek schreibt:

Ich weiß, dass manche Mitschüler wegen ihrer Kleidung gemobbt werden. Ich denke, dass eine einheitliche Schulkleidung dies verhindern kann. Deshalb finde ich, dass die Einführung von Schulkleidung sinnvoll ist.

1 a) Schreibe die Satzgefüge ab.
b) Kreise die Konjunktion **dass** ein.
c) Kennzeichne das Komma mit einem Pfeil.

Ich weiß, dass …

→ Sätze abschreiben S. 104

Cindy hat beim Schreiben einige Kommas vergessen.

Ich finde dass Schulkleidung kein Mobbing verhindert. Ich glaube nämlich dass Jugendliche sich dann über andere Dinge lustig machen. Deshalb meine ich dass Schulkleidung keine Probleme löst.

Achtung Fehler

2 a) Schreibe die Satzgefüge auf.
b) Setze die fehlenden Kommas.
c) Kreise die Konjunktion **dass** ein.
d) Kennzeichne das Komma mit einem Pfeil.

3 Welche Meinung hast du zu einheitlicher Schulkleidung?

Ich finde, dass …
Ich glaube nicht, dass …
Ich meine, dass …
Ich denke nicht, dass …

a) Schreibe die Satzanfänge ab.
b) Schreibe die Sätze mit eigenen Ideen zu Ende.

Konjunktionen wiederholen

aber, weil, wenn

Die Jugendlichen suchen gemeinsam weitere Argumente zum Thema Schulkleidung.

Ole: „Ich bin gegen die Einführung von Schulkleidung, weil dadurch zusätzliche Kosten entstehen."

Dijana: „Schulkleidung ist sinnvoll, aber jeder Schüler braucht mindestens zwei davon."

Maria: „Ich ziehe nur dann eine Schulkleidung an, wenn wir weiter Jeanshosen tragen dürfen."

Jakob: „Schulkleidung fördert das Sozialverhalten, weil keiner mit Markenklamotten angeben kann."

Marek: „Ich habe keine Markenklamotten, aber meine Freunde stehen trotzdem zu mir."

Sven: „Ich finde Schulkleidung in Ordnung, wenn sie gut und modern aussieht."

1 a) Welche Meinung hat Ole?
b) Welches Argument nennt Jakob?

Mit **weil** können wir etwas **begründen**.
Mit **wenn** können wir eine **Bedingung** nennen.
Mit **aber** können wir eine **Einschränkung**, einen **Einwand** ausdrücken.
Vor **weil/wenn/aber** steht ein Komma.

2 Untersucht das Gespräch der Jugendlichen:
- Wer begründet seine Meinung?
- Wer nennt eine Bedingung?
- Wer äußert einen Einwand?

3 a) Schreibe die Sätze ab.
b) Kreise die Konjunktionen ein.
c) Markiere die Sätze mit **weil**, **aber**, **wenn**.

Ich bin gegen die Einführung von Schulkleidung,
weil dadurch zusätzliche Kosten entstehen.

→ Sätze abschreiben S. 104

aber, weil, wenn

Die Diskussion zum Thema wird immer lauter und alle reden durcheinander. Man kann nicht mehr alles verstehen.

Eine Schulkleidung unterstützt das Wir-Gefühl [redacted] alle gleich aussehen.

Die eigene Persönlichkeit geht meiner Meinung nach verloren [redacted] alle das Gleiche anhaben.

Ein einheitliches Aussehen soll die Konzentration fördern [redacted] dadurch wird die Schulleistung nicht automatisch besser.

Jeder wird nach seinem Charakter bewertet [redacted] niemand mehr auf das Äußere des anderen achtet.

Einheitliche Kleidung kann Mobbing vielleicht verringern [redacted] es kann nicht alle Probleme lösen.

Schulkleidung kann nur dann eingeführt werden [redacted] die Schule sie bezahlt.

4 Was haben die Jugendlichen gesagt?

a) Schreibe die Sätze auf.
b) Ergänze die fehlenden Konjunktionen **weil**, **aber**, **wenn**. Denke an die Kommas.

5 Vergleiche deine Sätze mit einer Partnerin/einem Partner:
- In welchen Sätzen wird etwas begründet?
- In welchen Sätzen wird eine Bedingung genannt?
- In welchen Sätzen werden Einwände geäußert?

6 Welche Meinung hast du zu der Frage:
Schulkleidung: ja oder nein?

a) Schreibe deine Meinung und passende Begründungen auf.
b) Schreibe auch auf,
   - welche Einwände du hast.
   - welche Bedingungen du stellst.

Denke an die Kommas vor **weil**, **aber**, **wenn**.

Texte überarbeiten

Großschreibung, Zeichensetzung, Wortarten

Jan, Cindy und Fabian wollen Jans Analyse der Kurzgeschichte Nachts schlafen die Ratten doch gemeinsam überarbeiten. Sie besprechen den Entwurf in einer Schreibkonferenz.

1 Bildet 3er-Gruppen.

Hier steht die Einleitung von Jans Text.

die Kurzgeschichte „Nachts schlafen die Ratten doch“ von Wolfgang Borchert spielt im Zweiten Weltkrieg ein kleiner Junge sitzt nach einem Bombenangriff vor seinem zerstörten Elternhaus ein alter Mann kommt vorbei und unterhält sich mit ihm.

Achtung Fehler

2 Wählt jemanden aus der Gruppe aus, der Jans Text vorliest. Die anderen hören aufmerksam zu.

Jan, Cindy und Fabian einigen sich, woran sie arbeiten möchten. Dazu erstellen sie eine Checkliste.

Checkliste:

- Sind alle Satzschlusszeichen gesetzt? ✓
- Sind alle Satzanfänge großgeschrieben? ✓
- Enthält jeder Satz ein Verb? ✓
- Sind die Nomen großgeschrieben? ✓
- Sind die Adjektive kleingeschrieben? ✓

Cindy stellt fest, dass Jan an einigen Stellen die Satzschlusszeichen vergessen hat. Er hat auch die Großschreibung am Satzanfang übersehen.

3 Überarbeitet Jans Text. Schreibt den Text neu auf:
- Setzt die fehlenden Satzzeichen.
- Korrigiert die Satzanfänge.

Großschreibung, Zeichensetzung, Wortarten

Hier steht der Anfang des Hauptteils.
Fabian bemerkt, dass in einigen Sätzen das Verb fehlt.

Der Junge allein vor einem zerbombten Haus. Plötzlich ein alter Mann vor ihm. Der alte Mann beginnt mit dem Jungen ein Gespräch. Zuerst der Junge sehr zurückhaltend und vorsichtig. Unter den Trümmern liegt sein toter Bruder. Der Junge bewacht den toten Bruder. Er passt auf, dass die Ratten seinen Bruder nicht anfressen.

Achtung Fehler

4 a) In welchen Sätzen fehlt das Verb? Lest die Sätze vor.
b) Ergänzt die fehlenden Verben. Schreibt die Sätze neu auf.

Jan ist aufgefallen, dass er einige Nomen kleingeschrieben hat und einige Adjektive großgeschrieben.

Der alte mann erzählt dem Jungen, dass Ratten nachts schlafen. Der alte Mann versucht, den Jungen von der Ruine wegzulocken. Er bietet dem Jungen ein Junges Kaninchen als geschenk an. Durch das gespräch ändert der Alte Mann das Verhalten des Jungen. Am Ende der Geschichte freut sich der Junge auf das versprochene kaninchen. Er träumt davon, mit seinem vater einen Kaninchenstall zu bauen.

Achtung Fehler

5 Überarbeitet den Text von Jan. Schreibt den Text neu auf:
- Korrigiert falsch geschriebene Nomen.
- Korrigiert falsch geschriebene Adjektive.

Der alte Mann …

Ihr könnt eure Analyse der Kurzgeschichte Nachts schlafen die Ratten doch mit Hilfe der Checkliste von Seite 84 in einer Schreibkonferenz überarbeiten.

→ Schreibkonferenz S. 105

Wortschatz erweitern – Thema Geld

**Norbert wird in wenigen Wochen seine Ausbildung beginnen.
Er muss für sein Gehalt ein Konto eröffnen.
Deshalb informiert er sich in einer Broschüre einer Bank.**

SW-Bank

Wir bieten eine faire Beratung und flexible Anlagemöglichkeiten. Unsere Bankkonten sind kostenlos. Bei guter Bonität besteht auch die Möglichkeit, problemlos einen Kredit zu beantragen. Ihre Überweisungen können Sie durch Online-Banking von zu Hause aus am Computer erledigen. Dazu müssen Sie unsere Homepage aufrufen und Ihr Passwort sowie Geheimnummern eingeben. Sie können dort auch Ihre Kontobewegungen kontrollieren. Sie können Überweisungs-Formulare aber auch gerne in der Bank ausfüllen und abgeben.

1 a) Was bietet die Bank ihren Kunden?
b) Wie funktioniert Online-Banking?

Im Text sind einige Fremdwörter hervorgehoben.

2 Gestalte eine Wörterliste zum Thema **Geld**.

a) Schreibe die Wörter untereinander auf.
b) Ordne den Wörtern die passende Bedeutung zu.
c) Kontrolliere mit einem Lexikon.
fair – anständig

anständig
der Vordruck
der Internetauftritt
das Kennwort
anpassungsfähig
überprüfen
Geld leihen
Zahlungsfähigkeit

Zum Thema Geld gibt es auch spezielle Fachwörter.

die Zinsen
die Prepaid-Kreditkarte
der Dispositionskredit
die Transaktionsnummer (TAN)

3 a) Kläre die Bedeutung der Wörter.
b) Ergänze deine Wörterliste.
Schreibe die Wörter und ihre Bedeutung auf.

**Norbert weiß nicht, was manche Fachwörter bedeuten.
Deshalb schlägt er im Lexikon nach.**

1. [redacted]: ein Bankkonto, von dem man jederzeit Geld abheben und auf das Geld überwiesen werden kann

2. [redacted]: die bargeldlose Übertragung einer Geldsumme von einem Konto auf ein anderes

3. [redacted]: ein Apparat, bei dem man Geld von seinem Konto abheben kann

4. [redacted]: die Durchführung von Zahlungen, z. B. der Vorgang, bei dem Geld zwischen Bankkonten hin und her bewegt wird

4 Welche Bedeutung gehört zu welchem Fachwort?

Ⓐ die Überweisungen

Ⓑ das Girokonto

Ⓒ der EC-Automat

Ⓓ der Zahlungsverkehr

a) Ordnet zu.
b) Ergänzt eure Wörterliste zum Thema **Geld**.

**Norbert möchte genauer wissen, was ein Bankkonto ist.
Er informiert sich im Internet. Einige Wörter sind jedoch auf seinem Ausdruck nicht lesbar.**

Das Wort Bankkonto bezeichnet meistens ein [redacted].
Es ist die wichtigste Kontoart, über die der gesamte bare und bargeldlose [redacted] abgewickelt wird.
Es werden zum Beispiel Lastschriften* für Nebenkosten, wie Strom, Wasser, Telefon, vom Girokonto eingezogen.
Der Inhaber des Girokontos kann Bargeld am [redacted] abheben.
Von zu Hause aus gibt es die Möglichkeit, das Online-Banking für [redacted] und zur Anzeige der Kontobewegungen zu nutzen.

* die Abbuchung eines Geldbetrages von einem Konto

5 Schreibe den Text auf.
Ergänze die passenden Wörter aus Aufgabe 4.

Wörter nachschlagen

Keanu hat schon ein Girokonto. Er berichtet Norbert in einer E-Mail über seine Erfahrungen.

Lieber Norbert,

vielen Dank für deine [redacted].
Ich war auf der Bank, um mir die [redacted] über Konten und Sparbücher zu holen. In der Bank gab es sehr viele Schalter. Eine [redacted], Frau Müller, nahm sich sofort Zeit für mich. Sie führte mich in einen Besprechungsraum und bot mir ein Glas Wasser an. Frau Müller fragte mich nach meiner [redacted] und beantwortete mir alle Fragen zum [redacted] Girokonto und Online-Banking. Sie beriet mich sehr freundlich und kompetent. Deshalb eröffnete ich ein Konto. Dazu musste ich ein [redacted] ausfüllen. Frau Müller zeigte mir dann die EC-Automaten und den Drucker für die Kontoauszüge. Zum [redacted] bekam ich ein Informationsblatt mit allen wichtigen Tipps.
Dir viel [redacted] und herzliche Grüße!
Keanu

Bevor Keanu die E-Mail absendet, möchte er kontrollieren, ob er die folgenden Nomen richtig geschrieben hat.

1 In welcher Reihenfolge findet Keanu diese Nomen im Wörterbuch?

Interesse	Information	Angestellte	Situation
Thema	Formular	Schluss	Erfolg

a) Ordne die Nomen nach dem Abc.
b) Schreibe die Nomen mit ihrem Artikel auf.
c) Kontrolliere mit dem Wörterbuch.

2 Schreibe die vollständige E-Mail auf.
Ergänze dabei die Nomen von Aufgabe 1.

In Wörterbüchern stehen Nomen immer in der Einzahl.

3 Einige Nomen verwendet Keanu in der Mehrzahl.

die Schalter die Sparbücher die Konten
die EC-Automaten die Kontoauszüge

a) Schreibe die Nomen in der Mehrzahl untereinander auf.
b) Ergänze die Einzahl. Denke dabei an den Artikel.
die Schalter – der Schalter
c) Kontrolliere mit dem Wörterbuch.

In Wörterbüchern stehen die Verben immer in der Grundform (Infinitiv), z. B. suchen.

4 Keanu möchte kontrollieren, ob er die Verben im Präteritum richtig gebildet hat.

a) Schreibe die Verben aus der E-Mail von Seite 88 untereinander auf.
b) Ergänze zu jedem Verb die Grundform (Infinitiv).
ich war – sein
c) Kontrolliere mit dem Wörterbuch.

Norbert hat ein Konto eröffnet.
Er möchte Keanu mit einer E-Mail antworten.

5 Schreibe die E-Mail an Keanu. Verwende Verben im Präteritum.

Formular ausfüllen | Kontonummer erhalten

EC-Automaten erklären | Überweisungsträger zeigen

6 Trainiert das Nachschlagen von Fremdwörtern:

a) Ein Partner sucht aus einem Fremdwörterlexikon 5 Fremdwörter heraus und notiert sie auf einem Blatt.
b) Der andere klärt die Bedeutungen der Fremdwörter, indem er in einem Fremdwörterlexikon nachschlägt.
c) Erklärt gemeinsam der Klasse die Bedeutung der Fremdwörter.

Sprechen in Beruf und Alltag

Ein Telefongespräch analysieren: der Inhalt

Markus und Benjamin planen einen Ausflug. Sie wollen nach Hamburg fahren. Benjamin kümmert sich um die Anreise. Er hat sich auf ein Telefonat mit einem Busunternehmen vorbereitet.

Die Fahrt planen:
2 Personen
...

1 Lest das Gespräch mit verteilten Rollen.

Benjamin: „Guten Tag. Mein Name ist Benjamin Schulze. Ich bin Schüler und möchte gemeinsam mit meinem Freund von Hannover nach Hamburg fahren. Welche Möglichkeiten bieten Sie an?"

Angestellter: „Guten Tag. Es gibt geplante Fahrten nach Hamburg, die speziell für Jugendliche sind. Dabei stehen das Hotel und das Besichtigungsprogramm schon fest. Darüber hinaus bieten wir zwei Mal in der Woche auch nur Fahrten ohne Hotel und Programm an."

Benjamin: „Wann bieten Sie diese einfachen Fahrten an?"

Angestellter: „Diese Fahrten sind immer montags und donnerstags."

Benjamin: „Wie teuer ist es, wenn wir am Donnerstag hin- und am Montag wieder zurückfahren?"

Angestellter: „Das kostet für 2 Personen 50 € hin und zurück. Wann genau planen Sie denn Ihre Reise?"

Benjamin: „Wir möchten am 7. 10. nach Hamburg fahren und am 11. 10. wieder zurückkommen. Haben Sie dann noch Plätze frei?"

Angestellter: „Ja, wir haben noch 4 freie Plätze."

Benjamin: „Können wir zusammensitzen?"

Angestellter: „Ja, das ist noch möglich."

Benjamin: „Vielen Dank für Ihre Informationen. Ich werde das mit meinem Freund besprechen."

Ein Telefongespräch analysieren: der Inhalt

2 a) Wie hat sich Benjamin auf das Telefongespräch vorbereitet?

Die Fahrt planen:

2 Personen
Datum: 7.10. bis 11.10.
Welche Angebote ...?
Wie viel kostet ...?

b) Welche Informationen hat Benjamin von dem Angestellten erhalten?

3 Jedes Gespräch hat bestimmte Bestandteile.

die Verabschiedung | die Begrüßung | die Fragen | das Anliegen | die Vorstellung der eigenen Person

a) Bringt die Bestandteile in eine sinnvolle Reihenfolge ①–⑤.
b) Schreibt eine Checkliste.
Checkliste: Ein Gespräch führen
c) Ordne die Checkliste in deinen **Lebensordner** ein.

→ Lebensordner S. 114

Benjamin soll sich auch um eine Unterkunft kümmern.
Er möchte bei der Jugendherberge anrufen.

4 Bereitet das Telefongespräch für Benjamin vor.

a) Welche Fragen sollte Benjamin stellen?
b) In welcher Reihenfolge sollte er die Fragen stellen?

→ Preise, Zimmerfarbe, Öffnungszeiten, Lage, Haustiere, Datum, Check-in-Zeiten, Kleidung, Verfügbarkeit, Verkehrsanbindung ...

5 Wie könnte das Gespräch zwischen Benjamin und einem Mitarbeiter der Jugendherberge verlaufen? Führt zu zweit ein Rollenspiel durch.

a) Verteilt die Rollen.
b) Macht euch zu jeder Person Notizen.
c) Spielt das Gespräch mit verteilten Rollen.

→ Ein Rollenspiel planen und durchführen S. 107

Ein Telefongespräch analysieren: die Gesprächsregeln

Markus möchte sich über Veranstaltungen in Hamburg informieren. Er ruft bei der Touristen-Information an.

1 Lest das Gespräch mit verteilten Rollen.

Angestellte: „Guten Tag. Was kann ich für Sie tun?“

Markus: „Tach! Ich bin Markus. Mein Freund und ich kommen nach Hamburg. Wir brauchen einen Stadtplan.“

Angestellte: „Selbstverständlich. Wie lautet …“

Markus: „Ich bin noch nicht fertig! Wo gibts die besten Partys bei euch?“

Angestellte: „Jetzt mal langsam, junger Mann. Ich möchte Ihnen doch nur helfen. Auch zu Abendveranstaltungen kann ich Ihnen Flyer zusenden.“

Markus: „Das wäre sehr nett.“

Angestellte: „Benötigen Sie noch Informationen zu den Verkehrsmitteln in Hamburg?“

Markus: „Ja. Vielen Dank, dass Sie nachfragen.“

Angestellte: „Dann brauche ich noch Ihre Adresse, damit ich Ihnen die Unterlagen zusenden kann.“

Markus: „Ich wohne im Bohnenweg 7 in Hannover. Vielen Dank für Ihre Hilfe. Ich wünsche Ihnen noch einen schönen Tag.“

Markus ist nach dem Gespräch nicht ganz zufrieden. Er überlegt, was ihm schon gut gelungen ist und was er noch verbessern kann.

2 a) Was ist Markus gut gelungen?
b) Welche Sätze sollte er noch besser formulieren?
c) Welche Gesprächsregeln hat er zu Beginn nicht beachtet?
d) Wann ändert Markus sein Verhalten? Nennt die passende Textstelle.

→ ausreden lassen
zuhören
Fragen beantworten
angemessene Sprache verwenden

Das eigene Telefongespräch vorbereiten, üben, auswerten

3 Wie könnte das Gespräch zwischen Markus und der Angestellten besser verlaufen?
Spielt zu zweit Telefongespräche als Rollenspiel.

→ Ein Rollenspiel planen und durchführen S. 107

4 Besprecht danach gemeinsam:
- Was war gut?
- Was könnt ihr noch besser machen?

Mit Hilfe eines Beobachtungsbogens könnt ihr erfahren, was euch bei Telefongesprächen gut gelungen ist und was ihr noch verbessern könnt.

5 a) Schreibe den Beobachtungsbogen mit dem PC.
b) Drucke den Beobachtungsbogen aus.

→ Eine Tabelle anlegen S. 111

Das habe ich beobachtet bei				
	ja	teilweise	gar nicht	Verbesserungs-vorschlag
freundlich gegrüßt				
sich vorgestellt				
nach Informationen gefragt				
angemessene Sprache verwendet				
nicht ins Wort gefallen				
die Fragen beantwortet				
freundlich verabschiedet				

6 Bereitet zu zweit weitere Telefongespräche vor:
- die Anfrage für einen Ferienjob
- eine Terminvereinbarung mit dem Berufsberater

→ Ein Rollenspiel planen und durchführen S. 107

7 a) Spielt die Telefongespräche als Rollenspiel.
Die Zuschauer füllen den Beobachtungsbogen aus.
b) Wertet die Beobachtungsbögen aus.

Eine Kündigung schreiben

Karl möchte seinen Mobilfunkvertrag vom 31.12.2009 kündigen und zu einem günstigeren Anbieter wechseln. Für die Kündigung braucht er wichtige Angaben. Deshalb liest Karl noch einmal in seinem Vertrag.

Abschnitt zur Mindestvertragslaufzeit:
Mindestvertragslaufzeit: 24 Monate
Der Vertrag ist mit einer Frist von 3 Monaten zum Ende der Vertragslaufzeit kündbar.
Wenn der Vertrag nicht rechtzeitig gekündigt wird, verlängert er sich automatisch um weitere 12 Monate.
Zum Ende der Vertragsverlängerung kann der Vertrag mit einer Frist von 3 Monaten gekündigt werden. [...]

Aus den allgemeinen Geschäftsbedingungen:
Vertragslaufzeit/Kündigung

1. Der Vertrag kann von den beiden Vertragspartnern zum Ende eines Kalendermonats schriftlich gekündigt werden unter Beachtung der Mindestvertragslaufzeit sowie der vereinbarten Kündigungsfristen.
2. Die Mindestvertragslaufzeit ist festgelegt. [...]

1 In dem Vertrag sind 3 wichtige Fachwörter blau hervorgehoben.

a) Ordnet jedem Fachwort die passende Bedeutung zu.
b) Schreibt die Fachwörter und ihre Bedeutung auf.

Ⓐ – die Auflösung eines Vertrags

Ⓑ – dieser Zeitraum muss eingehalten werden, damit die Kündigung wirksam wird
– der Zeitraum ist im Vertrag festgelegt

Ⓒ – die Dauer eines Vertrags
– vorher kann der Vertrag nicht gekündigt werden

2 a) Welche Mindestvertragslaufzeit steht in dem Vertrag?
b) Welche Kündigungsfristen müssen eingehalten werden?
c) Wie muss die Kündigung erfolgen?

Eine Kündigung schreiben

Karl hat die Kündigung für seinen Mobilfunkvertrag geschrieben.

Köln, 24.09.2011 Ⓐ

Ⓑ Karl Wendrich
Schulzenstr. 29
51105 Köln

Ⓒ Ruf AG
Potsdamer Str. 110
60231 Frankfurt am Main

Ⓓ **Kündigung meines Mobilfunkvertrages**
– Vertragsnummer: 23456 –

Ⓔ Sehr geehrte Damen und Herren,

Ⓕ hiermit kündige ich meinen Mobilfunkvertrag
mit der Vertragsnummer 23456 fristgerecht zum 31.12.2011.

Bitte senden Sie mir eine schriftliche Bestätigung über
den Eingang der Kündigung und den Termin für das Vertragsende.

Vielen Dank im Voraus!

Ⓖ Mit freundlichen Grüßen

Ⓗ *Karl Wendrich*

Eine Kündigung ist ein Geschäftsbrief.
Ein Geschäftsbrief hat eine besondere Form.

3 a) Welche Bestandteile Ⓐ–Ⓗ gehören zu einem Geschäftsbrief?
b) Wie ist die Kündigung formuliert?
- Welche Anrede?
- Welche Sprache?

4 Welche Angaben müssen im Textblock Ⓕ einer Kündigung stehen?

→ der Kündigungstermin
…

5 a) Schreibe eine Checkliste zur Kündigung.
Verwende die Ergebnisse von Aufgabe 3 und 4.
b) Ordne die Checkliste in deinen **Lebensordner** ein.

→ Lebensordner S. 114

Einen Widerspruch schreiben

**Hannes wechselte bei seinem Handy-Anbieter den Tarif.
In seiner Handy-Rechnung werden ihm dafür 20 € Wechselgebühr berechnet. Dagegen legt Hannes schriftlich Widerspruch ein.**

Hannes Pauli
Goethestr. 37
14903 Berlin

Berlin, 12.08.2011

Call-Top
Gartenallee 2
15234 Berlin

Widerspruch gegen erhobene Wechselgebühr vom 10.08.2011
– Rechnungsnummer 2196 –

Sehr geehrte Damen und Herren,

hiermit lege ich gegen die erhobene Wechselgebühr von 20 €
in der Rechnung vom 10.08.2011 Widerspruch ein.
Sie berechnen darin eine Leistung, über die ich von Ihrem Mitarbeiter
nicht informiert wurde. Somit hatte ich nicht die Möglichkeit,
von einem kostenpflichtigen Tarifwechsel zurückzutreten.
Ich fordere Sie daher auf, mir eine korrigierte Rechnung
ohne Wechselgebühr zuzusenden.

Mit freundlichen Grüßen
Hannes Pauli

**Auch ein Widerspruch ist ein Geschäftsbrief.
Er hat die gleichen Bestandteile wie eine Kündigung.
Im Textblock stehen aber andere Angaben.**

1 a) Warum legt Hannes Widerspruch ein?
b) Welche Aufforderung formuliert Hannes?
c) Warum formuliert er die Aufforderung?

2 a) Schreibe eine Checkliste zum Widerspruch.
b) Ordne die Checkliste in deinen **Lebensordner** ein.

→ Lebensordner S. 114

Einen Widerspruch schreiben

Steven wollte im Internet eine kostenlose Dienstleistung in Anspruch nehmen. Er drückte auf Abbruch, als er die Kosten sah. Dennoch hat er eine Rechnung bekommen. Dagegen legt Steven Widerspruch ein.

Steven Koch
Max-Schmeling-Str. 119
14467 Potsdam

Achtung Fehler

Internetdienste
Wendenstr. 45
20359 Hamburg

Widerspruch gegen Ihre Rechnung

Hallo,
ich habe gestern eine Rechnung von Ihnen erhalten und mich sehr darüber geärgert.
In der Rechnung steht, dass ich 34,50 € zahlen soll.
Das mache ich nicht.
Ich habe doch auf Abbruch gedrückt und keinerlei Leistung von Ihnen in Anspruch genommen.
Ich finde das total unverschämt.

Steven Koch

Steven hat beim Schreiben des Widerspruchs formale, sprachliche und inhaltliche Dinge nicht beachtet.

3 An welchen Stellen muss Steven den Widerspruch überarbeiten?
Prüft mit Hilfe eurer Checkliste zum Widerspruch.

4 Verbessere den Widerspruch von Steven. Schreibe auf.

5 Vergleiche den verbesserten Widerspruch mit einer Partnerin/einem Partner.

Informationen schriftlich erfragen

Die Klasse 10 plant einen Ausflug nach Koblenz. Sie möchte sich per E-Mail über Unterkünfte und Freizeitmöglichkeiten bei der Touristen-Information erkundigen.

Die Jugendlichen schreiben zuerst Stichworte dazu auf, welche Angaben in der E-Mail enthalten sein sollten.

- *der Zeitraum*
- *die Art der Unterkunft*
- *die Kosten der Unterkunft*
- *die Anzahl der beteiligten Personen*
- *das Alter der beteiligten Personen*
- *ein Veranstaltungsprogramm für junge Leute*

Betreff: Information zu Unterkünften

Hallo,

unsere Klasse möchte gerne ein Wochenende in Koblenz verbringen. Wir sind 10 Jungen und 5 Mädchen. Außerdem kommen noch zwei Lehrer mit. Welche Unterkünfte können Sie uns empfehlen? Könnten Sie uns bitte auch ein Veranstaltungsprogramm schicken?

Tschüss!
Hannes Pauli und Lena Friedrich

Klasse 10 a, Schule am Heideweg
Weserstr. 49–50, 42103 Wuppertal

Achtung Fehler

1 Sind in der E-Mail alle Angaben enthalten? Prüft mit Hilfe der Stichworte der Jugendlichen.

In einer E-Mail an Firmen, Behörden und andere offizielle Stellen müssen auch formale und sprachliche Dinge beachtet werden.

2 Verbessere die E-Mail der Schüler. Ergänze auch fehlende Angaben.

3 Vergleiche die verbesserte E-Mail mit einer Partnerin/einem Partner.

Geschäftsbriefe schreiben

Es gibt im Alltag verschiedene Anlässe, um einen Geschäftsbrief zu schreiben.

1 Wähle eine der Situationen (A)–(C) aus.

(A) Du bist Mitglied im Fitness-Studio, Bahnhofstraße 3 in 01234 Sportstadt. Deine Mitgliedsnummer lautet 928374. Für den letzten Monat erhältst du die Rechnung für den Mitgliedsbeitrag. Dein Mitgliedsbeitrag wurde um 2 Euro erhöht. Darüber wurdest du nicht informiert. Deshalb legst du gegen die Rechnung schriftlich Widerspruch ein.

(B) Du bist Mitglied im Sportverein SV Friedrich in 34567 Bolzhagen. Du möchtest deine Mitgliedschaft zum 31.10. schriftlich kündigen. Dazu musst du eine Kündigungsfrist von 3 Monaten beachten. Deine Vertragsnummer lautet 785634.

(C) Du möchtest dich beim Bürgeramt über die Vereine im Ort erkundigen. Dich interessieren nur Vereine für Jugendliche ab 14 Jahren. Außerdem sollte die Mitgliedschaft möglichst wenig kosten. Du schreibst eine E-Mail und bittest um Informationen.

2 Schreibe einen offiziellen Brief oder eine E-Mail. Wende dabei den Schreibprofi an.

→ Schreibprofi S. 102

1 Vor dem Schreiben

Ich bereite den Brief oder die E-Mail vor.
Ich schreibe Stichworte auf.

2 Beim Schreiben

Ich schreibe nun den Brief oder die E-Mail.
Ich verwende meine Stichworte von Schritt 1.

3 Nach dem Schreiben

a) Habe ich die Form für einen Geschäftsbrief beachtet?
b) Ich prüfe den Inhalt von meinem Textblock.
c) Ich überarbeite.

Der Textknacker

Der Textknacker hilft mir, Texte zu lesen und zu verstehen.

→ Den Textknacker findest du auch auf S. 12, 13, 17, 36, 40, 48, 49, 52, 63, 64, 66, 68, 69, 70, 71.

1 Bilder helfen mir, den Text besser zu verstehen.

Ich sehe mir die Bilder an.
Was sagen die Bilder über den Text?

2 Die Überschrift sagt mir etwas über den Text.

Ich lese die Überschrift.
Was könnte in dem Text stehen?

**3 Ein Text hat Abschnitte.
Was in einem Abschnitt steht, gehört zusammen.**

Worum geht es in den Abschnitten?

**4 Die Schlüsselwörter im Text sind besonders wichtig.
Sie sind hervorgehoben.**

Ich lese die Schlüsselwörter.
Was weiß ich jetzt?

5 Einige Wörter werden unter den Abschnitten erklärt.

Ich lese die Wörter und die Erklärungen.
Weitere Erklärungen für Wörter finde ich,
- wenn ich den ganzen Satz lese,
- wenn ich in einem Lexikon nachschlage.

6 Erst der ganze Text sagt mir, worum es geht.

Ich lese den ganzen Text.

**7 Ich habe den ganzen Text gelesen.
Jetzt kann ich etwas aufschreiben.**

Ich schreibe zu jedem Abschnitt etwas auf.
Ich schreibe die wesentlichen Informationen auf.
Ich schreibe auf, was für mich wichtig ist.

Ein Diagramm lesen

Die folgenden Schritte helfen dir, Diagramme zu lesen und zu verstehen.

So lese ich ein Diagramm:

- Ich lese die Überschrift. Sie nennt mir das Thema.
- Beim **Balkendiagramm** gilt:
  - Je länger ein Balken ist, umso größer ist die Menge.
  - Die Zahl bei jedem Balken sagt, wie groß die Menge ist.

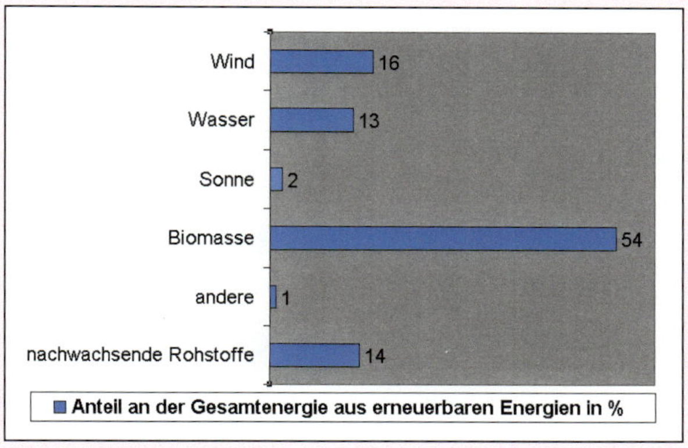

- Beim **Kreisdiagramm** gilt:
  - Je größer ein Teil des Kreises ist, umso größer ist die Menge.
  - Die Zahl bei jedem Teil sagt, wie groß die Menge ist.

Das Kreisdiagramm zeigt, wie viel Braunkohle im Jahr 2006 im jeweiligen Gebiet abgebaut wurde.

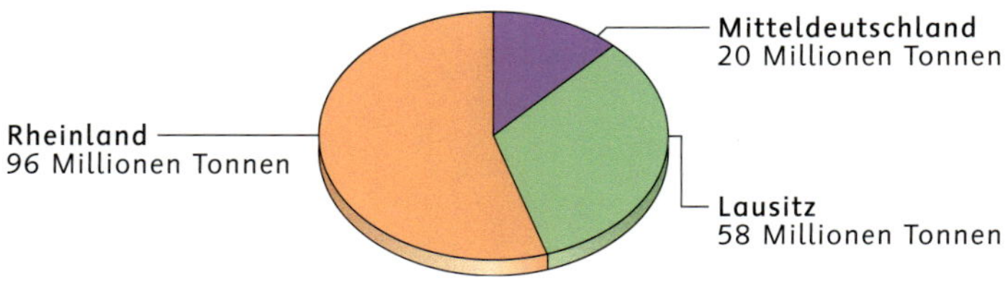

→ Ein Diagramm lesen kannst du auf S. 65, 66.

Der Schreibprofi

Beim Schreiben helfen mir die Schritte 1 – 3.

➔ Mit dem Schreibprofi schreiben kannst du auf S. 23, 35, 39, 43, 45, 51, 73, 75, 99.

1 Vor dem Schreiben

Ich überlege:

a) **Für wen** will ich schreiben?
   – Schreibe ich für mich?
   oder
   – Schreibe ich für andere?
   Wer liest, was ich geschrieben habe?

b) **Was** will ich schreiben?

2 Beim Schreiben

Nun schreibe ich.
Ich kann Hilfen benutzen, zum Beispiel
- meine Stichworte,
- die Checklisten,
- ein Wörterbuch für die Rechtschreibung.

3 Nach dem Schreiben

Ich prüfe:

a) Kann ich meine Wörter oder meine Sätze lesen und verstehen?

b) Kann ein anderer aus der Klasse meine Wörter oder meine Sätze lesen und verstehen?

c) Ich prüfe mit der Checkliste.

Ich überarbeite.

Abschreiben mit den Wortprofis

So schreibe ich **Mitsprechwörter** ab:

1. Ich lese das Wort.
2. Ich spreche das Wort Silbe für Silbe.
3. **Ich höre**, wie ich das Wort schreiben muss.
4. Ich decke **das Mitsprechwort** zu.
5. Ich spreche das Wort Silbe für Silbe und schreibe dabei.
6. Ich spreche das Wort und male **einen Bogen unter jede Silbe**.
   die Banane
7. Ich vergleiche.
8. Ich verbessere.

So schreibe ich **Merkwörter** ab:

1. Ich lese das Wort.
2. Ich spreche das Wort Silbe für Silbe.
3. **Ich merke mir** !, wie ich das Wort schreiben muss.
4. Ich decke **das Merkwort** zu.
5. Ich spreche das Wort Silbe für Silbe und schreibe dabei.
6. Ich kreise die **Merkstelle** im Wort ein:
   die Zahlen
7. Ich vergleiche.
8. Ich verbessere.

So schreibe ich **Nachdenkwörter** ab:

1. Ich lese das Wort.
2. Ich spreche das Wort Silbe für Silbe.
3. **Ich denke nach** und **erkläre**, wie ich das Wort schreiben muss.
   – Ich verlängere das Wort.
   – Ich suche ein verwandtes Wort.
4. Ich decke **das Nachdenkwort** zu.
5. Ich spreche das Wort Silbe für Silbe und schreibe dabei.
6. Ich schreibe in Klammern die **Erklärung**:
   Kind (→ Kinder), Bäume (→ Baum)
7. Ich vergleiche.
8. Ich verbessere.

Abschreiben mit dem Satzprofi / Wörterreihen aufschreiben

Beim Satzprofi denke ich daran:
Ich schreibe nur in jede zweite Zeile.

So schreibe ich **Sätze** ab:

Sätze abschreiben kannst du auf S. 81, 82.

1. Ich lese den ersten Satz.
2. Ich merke mir die Wörter bis zum Strich genau.
3. Ich decke die Wörter ab.
4. Ich schreibe die Wörter auf.
5. Ich vergleiche. Ich streiche Fehlerwörter durch.
6. Ich schreibe die Wörter richtig über die Fehlerwörter.
7. Ich schreibe Teil für Teil so ab.

So schreibe ich eine **Wörterreihe** auf:

Wörterreihen aufschreiben kannst du auf S. 77.

1. Ich lese die Wörterreihe.
2. Ich wiederhole die Wörterreihe im Kopf.
3. Ich decke die Wörter zu.
4. Ich schreibe die Wörterreihe auswendig auf.
5. Ich vergleiche.
6. Ich verbessere.

Die Schreibkonferenz

Ihr könnt eure eigenen Texte in einer Schreibkonferenz überarbeiten.

Die Arbeitsschritte der Schreibkonferenz:

- Bildet 3er-Gruppen.
- Wählt jemanden aus, der seinen Text vorliest.
  Die anderen hören genau zu.
  Die Zuhörer merken sich, was sie gehört haben.
- Sprecht über den Text.
  - Was gefällt euch gut?
  - Was habt ihr noch nicht verstanden?
  - Was könnte noch verbessert werden?
- Klärt gemeinsam, woran und in welcher Reihenfolge gearbeitet werden soll.
  - In welche Abschnitte ist der Text unterteilt?
  - Welche Zwischenüberschriften gibt es?
  - Welche Wörter oder Satzanfänge kommen häufig vor?
  - Welche Überschrift hat der Text?
- Überarbeitet gemeinsam den Text, bis er euch gefällt.

→ Eine Schreibkonferenz durchführen könnt ihr auf S. 35, 39, 45, 84, 85.

Stichworte aufschreiben/Der Cluster

Ich kann wichtige Informationen oder einen längeren Text in Stichworten zusammenfassen.

So mache ich Stichworte:

- Ich lese einen Satz.
- Ich überlege, was die wichtigen Informationen in dem Satz sind.
- Die wichtigen Informationen erfrage ich mit: Wer? Was? Wie? Warum? Wohin? Wo? Wie lange?
- Ich schreibe zu den wichtigen Informationen Wörter und Wortgruppen auf.

→ Stichworte aufschreiben kannst du auf S. 31, 44, 47.

In einem Cluster könnt ihr eure Gedanken sammeln.

Der Cluster

- Nehmt ein Blatt Papier.
- Schreibt in die Mitte das Thema. Kreist das Thema ein.
- Schreibt eure Gedanken zum Thema rundherum. Kreist jeden Gedanken ein.
- Verbindet die Gedanken durch einen Strich mit dem Thema in der Mitte.

→ Einen Cluster zeichnen kannst du auf S. 25.

Notizen machen/Das Rollenspiel

Notizen helfen mir beim Vortragen.

So mache ich Notizen:

- Ich brauche einige **Zettel** und einen **Stift**.
- Ich schreibe die **Überschrift** auf den ersten Zettel.
- Ich schreibe aus jedem Abschnitt die **Schlüsselwörter** auf einen eigenen Zettel.
- Ich markiere Wichtiges oder male ein Bild.
- Ich **nummeriere** die Zettel.
- Ich sehe beim Vortragen nach. So vergesse ich nichts.

→ Notizen machen kannst du auf S. 26.

In einem Rollenspiel könnt ihr eine Situation nachspielen.

Ein Rollenspiel planen und durchführen:

- Entscheidet, wer welche Person spielt.
- Überlegt gemeinsam:
  - Was denkt die Person?
  - Was tut die Person?
  - Was sagt die Person?
- Macht euch zu jeder Person Notizen.
- Besprecht gemeinsam, wie ihr spielen wollt.
- Führt dann das Rollenspiel vor.

→ Ein Rollenspiel planen und durchführen kannst du auf S. 91, 93.

Mit dem Computer arbeiten

Texte schreiben am PC

Mit dem Computer kann ich einen Text abschreiben, speichern und drucken.

➔ Einen Text am Computer schreiben kannst du auf S. 97, 99.

So schreibe ich einen Text am Computer:

- Ich öffne mein Schreibprogramm.
- Ich schreibe die Überschrift auf die leere Seite.
- Ich speichere die Überschrift:

  Ich klicke auf: Datei

  Ich klicke auf: Speichern unter…

  Ich klicke auf: Eigene Dateien

  Hier steht jetzt die Überschrift: Dateiname: Der Brief

  Ich klicke auf: Speichern

  Oben links steht jetzt: **Der Brief**
- Ich schreibe den Text mit dem Computer ab. Ich benutze die richtigen Tasten:

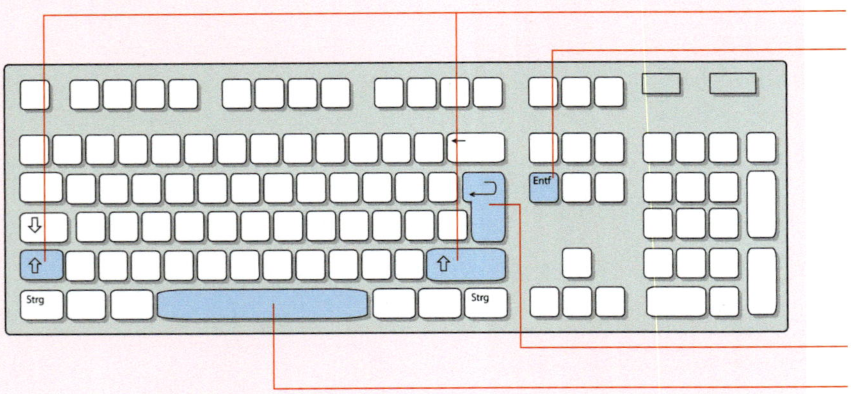

die Großschreibtasten
die Löschtaste
die Entertaste
die Leertaste

- Ich speichere jetzt den ganzen Text.
- Ich drucke den Text aus. Ich klicke auf: Drucken

Die Rechtschreibung prüfen

Ich kann am Computer prüfen, ob alle Wörter richtig geschrieben sind. Dabei hilft die Rechtschreibprüfung.

➔ Die Rechtschreibung prüfen kannst du auf S. 97, 99.

So schalte ich die Rechtschreibprüfung am Computer ein:

- Ich klicke mit der linken Maustaste auf: Extras
- Ich klicke auf: Optionen...
- Jetzt öffnet sich dieses Bild: →

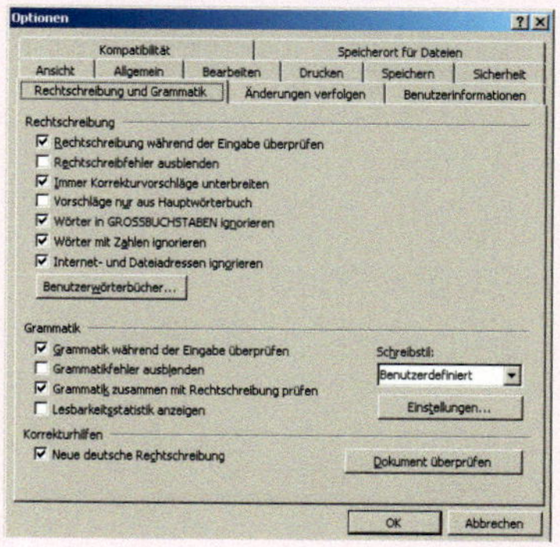

- Ich mache dieselben Haken wie auf dem Bild. Ich klicke dazu mit der linken Maustaste in die Kästchen.

So wende ich die Rechtschreibprüfung an:

- Ich klicke mit der linken Maustaste auf: Extras
- Ich klicke auf: Rechtschreibung und Grammatik... F7
- Die Rechtschreibprüfung zeigt nacheinander alle Fehlerwörter. Sie zeigt auch Vorschläge für die richtige Schreibung. Ich wähle aus:

– Ich möchte das Wort **ändern**: Ich wähle einen Vorschlag aus. Ich klicke auf: Ändern

– Ich möchte das Wort **nicht ändern**: Ich klicke auf: Einmal ignorieren

– Ich möchte das Wort in mein eigenes Wörterbuch **hinzufügen**. Ich klicke auf: Zum Wörterbuch hinzufügen

Wenn keine Vorschläge für die richtige Schreibung gemacht werden, schlage ich das Wort im Wörterbuch nach.

Eine Liste schreiben

Informationen kann ich übersichtlich ordnen.
Ich kann dazu eine Liste am Computer schreiben.

So schreibe ich eine Liste am Computer:

- Ich suche in der Menüleiste diese Stelle: 
- Ich klicke mit der linken Maustaste auf: 
- Am Anfang der Zeile steht ein Punkt als Aufzählungszeichen. Jetzt kann ich etwas aufzählen.

    - Beete bepflanzen
    - Wege anlegen
    -

- Ich brauche mehr Aufzählungszeichen: 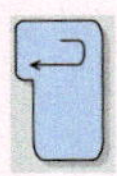 Ich drücke die Entertaste. In der neuen Zeile steht am Anfang ein Punkt.
- Ich bin mit der Liste fertig: Ich drücke die Entertaste. Der letzte Punkt verschwindet wieder.

Ich kann die Liste auch mit Zahlen schreiben.
Ich gehe dann vor
wie bei der Liste mit den Punkten. 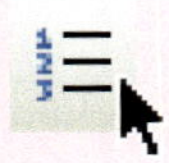

Eine Tabelle anlegen

Ich kann am Computer eine Tabelle anlegen.

So lege ich am Computer eine Tabelle an:

- Ich suche in der Menüleiste diese Stelle:

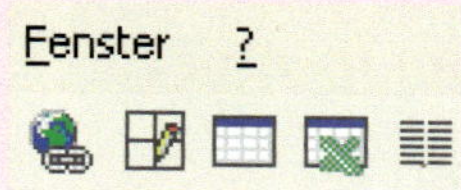

- Ich klicke mit der linken Maustaste auf:

- Jetzt kommt dieses Bild:

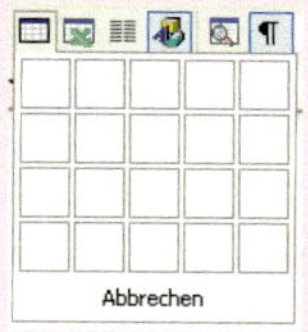

- Ich gehe mit dem Pfeil in die Kästchen. Einige Kästchen werden blau:

- Die blauen Kästchen zeigen, wie viele Zeilen und wie viele Spalten die Tabelle hat.
- Ich klicke auf die linke Maustaste. Jetzt ist die Tabelle fertig.

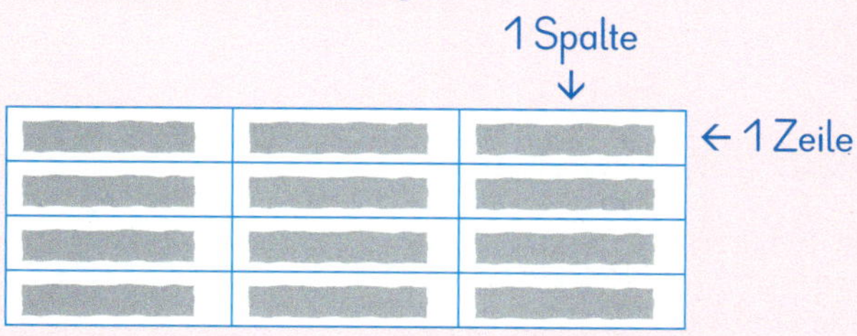

- Ich schreibe den Text mit dem Computer ab. Ich benutze die richtigen Tasten.
- Ich wechsle die Zellen (Kästchen) mit dem Tabulator  oder mit den Pfeiltasten. 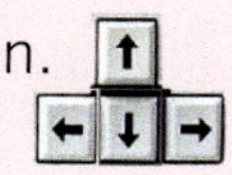

→ Eine Tabelle anlegen kannst du auf S. 27, 93.

Informationen im Internet finden

Wenn du eine Frage hast, kannst du im Internet Informationen suchen.
Du kannst dafür eine Suchmaschine nutzen.

So finde ich Informationen im Internet:

- Ich schreibe in das Feld oben
  die Internet-Adresse einer Suchmaschine.

Die Startseite wird aufgerufen:

- Ich gebe das Suchwort ein.
- Ich klicke auf 

Die Suchmaschine findet zum Suchwort verschiedene Seiten.
Oft steht die genaue Antwort auf deine Frage
in einem längeren Text.

Gehe so vor:

- Lies noch einmal deine Frage.
- Lies den Text.
  Wende dabei die Schritte vom Textknacker an.
- Finde im Text die wichtigen Informationen
  zu deiner Frage.
- Markiere die Informationen.
- Schreibe sie auf.

Im Internet recherchieren kannst du auf S. 63, 67.

Der Berufswahlordner

Du kannst einen Berufswahlordner anlegen.

Das brauchst du:

- 1 Ordner, 3 verschiedenfarbige Registerkarten, mehrere Trennstreifen oder breite Papierstreifen

So gehst du vor:

- Schreibe auf die 3 Registerkarten folgende Überschriften: Persönliche Daten, Schulische Daten, Außerschulische Daten
- Ordne deine Unterlagen den 3 Registerkarten zu.
- Lege zwischen die Unterlagen jeweils einen Trennstreifen.
- Ordne alle Unterlagen mit den Trennstreifen und den Registerkarten in deinen Berufswahlordner ein.
- Beschrifte den Ordner. Schreibe **Berufswahlordner** und deinen Namen auf den Rücken vom Ordner.

Einen Lebensordner anlegen

In deinem Lebensordner kannst du alle wichtigen Papiere, Briefe und Formulare sammeln und ordnen.

→ Einen Lebensordner anlegen kannst du auf S. 91, 95, 96.

Du brauchst für deinen Lebensordner:

- einen DIN-A4-Aktenordner
- 12 Trennblätter mit Register
- 10 Klarsichthüllen
- linierte Blätter

So kannst du deinen Lebensordner anlegen:

1. Nimm die Trennblätter mit Register. Schreibe in Schönschrift die Begriffe aus der Randspalte auf die einzelnen Randkästchen.
2. Schreibe auf ein liniertes Blatt das Inhaltsverzeichnis deines Lebensordners. Die Reihenfolge ist die gleiche wie in der Randspalte. Hefte das Inhaltsverzeichnis vor die erste Registerkarte.
3. Hefte die Klarsichthüllen ganz hinten in den Ordner. Diese brauchst du für alle Unterlagen, die du nicht lochen darfst, z. B. für Zeugnisse.
4. Ordne alle Unterlagen und Informationen ein, die du schon hast.

→ Persönliche Daten
Schule
Arbeit
Bank/Geld
Fahrzeug
Freizeit
Kaufbelege
Versicherungen
Wehrdienst/Zivildienst
Wohnung
Beratungsstellen

Hier findest du Beispiele, die dir beim Ordnen helfen:

eine Kopie deiner Geburtsurkunde	→ Persönliche Daten
Kopien der Zeugnisse	→ Schule
Briefe von der Arbeitsagentur	→ Arbeit
der Kaufbeleg vom Fernseher	→ Kaufbelege
der Fahrzeugbrief vom Motorroller	→ Fahrzeug
Kontoauszüge	→ Bank/Geld
der Wohngeldantrag	→ Wohnung
ein Mitgliedsausweis vom Sportverein	→ Freizeit

Sammle alle weiteren Unterlagen, die in der Schulzeit und nach der Schulzeit dazukommen, in deinem Lebensordner.

Training Beruf und Alltag: Checklisten

Ein Gespräch führen

Ein Gespräch führen:
- die Begrüßung ✓
- die Vorstellung der eigenen Person ✓
- das Anliegen ✓
- die Fragen ✓
- die Verabschiedung ✓

Einen Tagesbericht schreiben

Einen Tagesbericht schreiben:
- der Vorname und der Nachname ✓
- das Datum ✓
- die richtige Reihenfolge ✓
- das Wesentliche vom Tag ✓
- Verben im Präteritum ✓

Einen Vorgang beschreiben

Einen Vorgang beschreiben:
- die Überschrift ✓
- die richtige Reihenfolge ✓
- das Wesentliche vom Vorgang ✓
- genau und anschaulich ✓
- Verben im Präsens ✓
- unterschiedliche Satzanfänge ✓
- mit **man** beschreiben ✓

Eine Bewerbung schreiben

Eine Bewerbung schreiben:
- der Absender ✓
- der Ort, das Datum ✓
- die Adresse ✓
- der Betreff ✓
- die Anrede ✓
- der Textblock ✓
- der Gruß ✓
- die Unterschrift ✓
- die Anlagen ✓

Einen Lebenslauf schreiben

Einen Lebenslauf schreiben:
- die Überschrift Lebenslauf ✓
- der Name ✓
- die Anschrift ✓
- geboren ✓
- die Schulbildung ✓
- außerschulische Interessen und Kenntnisse ✓
- der Ort, das Datum ✓
- die Unterschrift ✓

Zum Nachschlagen: Rechtschreiben und Grammatik

Buchstaben und Laute

A, **e**, **i**, **o**, **u** bringen Wörter zum **Klingen**.
A, e, i, o, u heißen **Vokale (Selbstlaute)**.
Die meisten anderen heißen **Konsonanten (Mitlaute)**.

Manchmal sind **zwei Vokale** verbunden.
Auch **verbundene Vokale (Zwielaute)**
bringen Wörter zum Klingen: ei au eu

Auch **Ä**, **ä**, **Ö**, **ö**, **Ü**, **ü** sind Vokale. Wir nennen sie **Umlaute**.

Nach einem **langen Vokal** steht meist nur ein Konsonant: der Bruder.
Nach einem **kurzen Vokal** stehen zwei oder mehr Konsonanten: die Lust.

Stehen nach dem **kurzen Vokal** zwei **gleiche Konsonanten**,
nennen wir sie **Doppelkonsonanten**: toll.

Großschreibung

Einige Wörter schreiben wir **immer groß**.
Wir nennen sie **Nomen (Namenwörter)**.

Aus Verben können **Nomen** werden.
Die Wörter **das**, **beim** und **zum** machen es!
das Fliegen – beim Fliegen – zum Fliegen

Die Anrede **Sie**, **Ihre**, **Ihrer** und **Ihnen** schreibt man
in Einladungen, Bewerbungen und Briefen groß.

Zum Nachschlagen: Rechtschreiben und Grammatik

Satzzeichen: Punkt, Fragezeichen oder Ausrufezeichen?

Am Ende von einem Aussagesatz steht ein **Punkt**.
Am Ende von einem Fragesatz steht ein **Fragezeichen**.
Am Ende von einem Aufforderungssatz oder von einem Ausrufesatz steht meistens ein **Ausrufezeichen**.

Satzgefüge

Die mit **dass** und **als** eingeleiteten Sätze sind **Nebensätze**. Sie sind immer mit einem Hauptsatz verbunden.

Wenn wir einen **Hauptsatz** und einen **Nebensatz** zusammenfügen, sprechen wir von einem **Satzgefüge**.

Relativsätze beziehen sich meistens auf eine Person oder ein Ding. Wir können sie dadurch genauer bestimmen. Relativsätze werden oft mit der, das, die eingeleitet und durch ein Komma abgetrennt.

Aufzählung

Nomen, **Adjektive** und **Verben** können wir **aufzählen**.
Die Teile einer Aufzählung werden durch Komma getrennt.
Vor **und** steht kein Komma: Der Kamm ist grau, glatt und spitz.

Wortart: Nomen

Viele Nomen benennen **Lebewesen** (Menschen, Tiere, Pflanzen) und **Gegenstände**: die Frau, der Hund, der Baum, das Rad.

Einige Nomen benennen etwas, das wir **nicht anfassen** können: das Glück, der Friede, die Stunde.

Zum Nachschlagen: Rechtschreiben und Grammatik

Zu den Nomen gehört meist ein **Artikel (Begleiter)**: der, das, die.
Bei den meisten **Nomen** können wir die **Einzahl** und die **Mehrzahl** bilden.

Zusammengesetzte Nomen haben immer
den Artikel (Begleiter) vom **zweiten** Nomen.

Wortart: Adjektiv

Adjektive (Wiewörter) sagen, **wie** etwas ist: rund, spitz.

Wortart: Verb

Manche Wörter sagen, was wir **tun/machen**.
Diese Wörter nennen wir **Verben (Tuwörter)**.

Wenn wir ausdrücken wollen, **was gerade passiert**
oder **was wir gerade tun/machen**,
benutzen wir Verben im **Präsens:** es regnet, er fährt.

Wenn wir **über Vergangenes mündlich erzählen**,
benutzen wir Verben im **Perfekt**: er ist gekommen.

Wenn wir **über Vergangenes schreiben**,
benutzen wir Verben im **Präteritum**: er machte.

Wenn wir ausdrücken wollen, was wir **in der nahen Zukunft** planen,
benutzen wir **Zeitangaben** (morgen, nächste Woche) und Verben im **Präsens**.

Wenn wir ausdrücken wollen, was wir **in der fernen Zukunft** planen,
benutzen wir Verben im **Futur**: Ich werde einen Ausbildungsplatz suchen.

Zum Nachschlagen: Rechtschreiben und Grammatik

Konjunktionen

Mit **und/oder** können wir **Sätze verbinden**.
Wir nennen sie Bindewörter (Konjunktionen).

Wenn beide Sätze gelten, verbinden wir mit **und**.
Gilt nur einer der Sätze, verbinden wir mit **oder**.

Mit **aber** können wir eine Einschränkung ausdrücken.
Vor aber steht ein Komma.

Mit **weil** können wir etwas **begründen**.
Mit **wenn** können wir eine **Bedingung nennen**.
Vor weil/wenn steht ein Komma.

Adverbien

Mit Wörtern wie **zuerst**, **dann**, **danach**, **hinterher** können wir die Zeit genauer angeben. Wir nennen sie **Adverbien der Zeit**.

Mit Wörtern wie **hier**, **dort**, **links**, **rechts**, **hinten**, **vorne**, **geradeaus** können wir einen Ort oder eine Richtung genauer angeben.
Wir nennen sie **Adverbien des Ortes**.

Satzglieder

Die Antwort auf die Frage **Wer?** nennen wir **Subjekt**.
Die Antwort auf die Frage **Was tut?** nennen wir **Prädikat**.
Die Antwort auf die Frage **Wen** oder **was?** nennen wir **Akkusativ-Objekt**.
Die Antwort auf die Frage **Wem?** nennen wir **Dativ-Objekt**.

Das Subjekt, das Prädikat, das Akkusativ-Objekt und das Dativ-Objekt sind **Satzglieder**.

Textquellen

Peter Bichsel: San Salvador **(S. 36/37)**. Aus: Peter Bichsel: Eigentlich möchte Frau Blum den Milchmann kennen lernen. Olten und Freiburg im Breisgau (Walter-Verlag) 1964. S. 43–45
Nach **Wolfgang Borchert**: Selbstbiographie **(S. 53)**. Abrufbar unter http://home.nordwest.net/toddy/Borchert.htm (Stand 1. 8. 2011).
Nach **Wolfgang Borchert**: Dann gibt es nur eins! **(S. 54/55)**. Aus: Wolfgang Borchert: Draussen vor der Tür. Mit einem Nachwort von Heinrich Böll. Hamburg (Rowohlt Taschenbuch Verlag) 1997. S. 110–112
Nach **Wolfgang Borchert**: Nachts schlafen die Ratten doch **(S. 56–59)**. Aus: Wolfgang Borchert: Draussen vor der Tür. Mit einem Nachwort von Heinrich Böll. Hamburg (Rowohlt Taschenbuch Verlag) 1997. S.63–65
Clemens Brentano: Nun, gute Nacht! mein Leben **(S. 46)**. Aus: Hartwig Schultz (Hrsg.): Rheinmärchen. Stuttgart (Reclam Verlag) 1995. S. 83.
Nach **Linda Klemme**: Der elektronische Personalausweis **(S. 40/41)**. Abrufbar unter http://www.geo.de/GEOlino/technik/65880.html (Stand 1. 8. 2011).

Das Angebot Gruppe und Spar der Bahn **(S. 10)**. Abrufbar unter http://www.bahn.de/p/view/angebot/gruppen/gruppe_spar.shtml (Stand 1. 8. 2011).
Diagramm „Um sich über ein Thema näher zu informieren, nutzen Unter-30-Jährige." **(S. 65)** Datenquelle: Social Media, IT & Society 2011 (1. Infosys-Studie). S. 5. Abrufbar unter www.infosys.com (Stand 1.8.2011).
Eisbären siegen und sind Tabellenführer **(S. 70)**. Nach: Berliner Zeitung (Januar 2011).
Haiti gedenkt des Erdbebens vor einem Jahr **(S. 68)**. Nach: Berliner Zeitung (Januar 2011).
Jugendliche nutzen das Internet **(S. 66)**. Auszüge aus der Shell-Jugendstudie 2010. Abrufbar unter http://www.shell.de/home/content/deu/aboutshell/our_commitment/shell_youth_study/2010/internet/ (Stand 1. 8. 2011).
Menschen kleiden sich seit 170000 Jahren **(S. 71)**. Nach: Berliner Zeitung (Januar 2011).
Musik-Club **(S. 15)**. Abrufbar unter http://www.heidelberg-marketing.de/content/einkaufen_ausgehen/clubs/index_ger.html (Stand 1. 8. 2011).
Rhein-Burgen-Wanderweg **(S. 50)** Abrufbar unter http://www.loreleyinfo.de/rhein/wandern/rhein-burgen-wanderweg.php (Stand 1. 8. 2011).
S-Bahn-Leben **(S. 68)**. Nach: Berliner Zeitung (Januar 2011).
Schöne Einkaufsstraßen in Heidelberg **(S. 14)**. Abrufbar unter http://www.heidelberg-marketing.de/content/einkaufen_ausgehen/einkaufsstrassen/index_ger.html (Stand 1. 8. 2011).
Spaß in der Erwachsenenwelt **(S. 70)**. Nach: Berliner Zeitung (Oktober 2010).
Stadtrallye Heidelberg für Schüler **(S. 14)**. Abrufbar unter http://www.heidelberg-marketing.de/content/heidelberg_fuer_/junge_leute/index_ger.html (Stand 1. 8. 2011).
Wartender VIP **(S. 69)**. Nach: Berliner Zeitung (Januar 2011).

Bildquellen

S. 8 (1): bilderstöckchen/fotolia.de, **(2):** charly_lippert/fotolia.de, **(3):** istockphoto.com/jabejon, **(4):** istockphoto.com/Stephan Zabel; **S. 9:** http://www.heidelberg.de/servlet/PB/menu/1156370_l1/index.html (Stand: 27. Juli 2011) **S. 10 oben:** alma sacra/fotolia.de, **unten:** DB AG/Gottfried Czeplach; **S. 12 oben:** Rainer S. Steussloff/Intro, **unten:** ALIMDI.net/Stella; **S. 14 links:** PI JU YANG/fotolia.de, **rechts:** Jens Hilberger/fotolia.de; **S. 15 links:** mirubi/fotolia.de, **rechts:** istockphoto.com/Robert Kohlhuber; **S. 16:** http://www.rnv-online.de/cms/Liniennetz/Liniennetz.html (Stand 1. 8. 2011); **S. 18 oben und S. 22 oben:**Yuri Arcurs/fotolia.de, **S. 18 unten (1):** Team 5/fotolia.de, **(2):** pothka/fotolia.de, **(3):** Jiri Hera/fotolia.de, **(4) und S. 20:** Kreativstudio Ebert/Staffehl; **S. 19 (5), (6), (7), (8), (9):** Barbara Maria Krüss, Düsseldorf, **(10):** pasa/fotolia.de; **S. 20:** Uwe Bumann/fotolia.de; **S. 22:** Kreativstudio Ebert/Kentmann; **S. 25 (1):** Oliver Hauptstock/fotolia.de, **(2) und S. 62 oben:** Cover von: Jamies Kochschule. Jeder kann kochen. Dorling Kindersley Verlag, München 2008; **(3):** JJAVA/fotolia.de, **(4):** Kreativstudio Ebert/Kentmann; **S. 28 oben und Seite 34 oben:** Aldo Murillo/istockphoto.com, **S. 28 unten und Seite 34 unten:** ddp images/dapd/Katja Lenz; **S. 29 links:** istockphoto.com/Judi Barranco; **rechts:** blickwinkel/J. Royan, **S. 30:** Essaka/fotolia.de; **S. 37:** picture-alliance/akg images/Niklaus Stauss; **S. 38:** Robert Knäschke/fotolia.de; **S. 41:** Globus-Grafik/dpa-infografik; **S. 42:** Patrizia Tilly/fotolia.de; **S. 46 oben und unten:** akg-images, **S. 48:** picture-alliance/dpa-Grafik; **S. 49:** Stefan Kiefer/Intro; **S. 50:** © shutterstock images; **S. 52 oben:** akg-images/Hans Asemissen, **unten:** akg-images; **S. 53:** ullstein bild/Rosemarie Clause; **S. 55:** Claus-Joachim Dickow; **S. 62 unten:** picture-alliance/dpa; **S. 63:** Jamie Oliver's Food Revolution/ABC-TV/Kobal Collection; **S. 64 oben:** akg-images, **unten:** Ullstein bild/Sawatzki; **S. 68 oben:** Jochen Zick/Keystone, **unten:** Caro/Muhs; **S. 69:** picture-alliance/dpa; **S. 70 oben:** Logo: Berliner Eisbären, **unten:** picture-alliance/dpa-Report; **S. 71 links**: doc-stock/phototake, **rechts:** Tony Brain/Science Photo Library; **S. 73:** kiwifrucht/fotolia.de; **S. 78 (1):** Maria P./fotolia.de, **(2):** Konstanze Gruber/fotolia.de, **(3):** Sebastian Drolshagen/fotolia.de, **(4):** haitaucher39/fotolia.de, **(5):** BilderBox.com; **S. 80:** istockphoto.com/Chris Schmidt; **S. 82:** istockphoto.com/René Mansi; **S. 86:** blickwinkel/McPHOTO; **S. 88:** istockphoto.com/Timothy Large; **S. 89:** Digipic/fotolia.de; **S. 90:** istockphoto.com/drbimages; **S. 92 links:** istockphoto.com/James Pauls, **rechts:** istockphoto/Sandra O'Claire; **S. 94:** kmit/fotolia.de; **S. 97:** Helga Lade Fotoagentur GmbH; **S. 98:** Yuri Arcurs/fotolia.de.

Illustrationen
Sylvia Graupner, Annaberg: S. 37
Gudrun Lenz, Berlin: S. 76–77
Carsten Märtin, Oldenburg: S. 74–75
Dorina Teßmann, Berlin: S. 54–59

Projektleitung Gabriele Biela
Redaktion Sandy Leistner, Susanne Weidmann
Umschlagillustration Juliane Steinbach, Wuppertal
Bildrecherche Petra Ebert
Gesamtgestaltung und technische Umsetzung Klein & Halm Grafikdesign, Berlin

www.cornelsen.de

1. Auflage, 2. Druck 2016

Alle Drucke dieser Auflage sind inhaltlich unverändert
und können im Unterricht nebeneinander verwendet werden.

Druck: Mohn Media Mohndruck, Gütersloh

ISBN 978-3-06-060445-6

PEFC™
PEFC/04-31-1033

PEFC zertifiziert
Dieses Produkt stammt aus nachhaltig bewirtschafteten Wäldern und kontrollierten Quellen.

www.pefc.de